AF461733

DOCUMENS PARTICULIERS

(EN FORME DE LETTRES)

SUR

NAPOLEON BONAPARTE.

De l'Imp. de RENAUDIERE, Marché-Neuf, No. 48.

DOCUMENS PARTICULIERS

(EN FORME DE LETTRES)

SUR

NAPOLÉON BONAPARTE,

SUR PLUSIEURS DE SES ACTES

JUSQU'ICI INCONNUS OU MAL INTERPRÉTÉS;

ET

SUR LE CARACTÈRE DE DIFFÉRENS PERSONNAGES QUI ONT MARQUÉ SOUS SON RÈGNE,

TELS QUE MM. TALLEYRAND, CHATEAUBRIAND, DE PRADT, MOREAU, ETC., ETC.;

D'APRÈS DES DONNÉES FOURNIES PAR NAPOLÉON LUI-MÊME, ET PAR DES PERSONNES QUI ONT VÉCU DANS SON INTIMITÉ,

AVEC DES NOTES HISTORIQUES ET CRITIQUES.

PARIS,

CHEZ PLANCHER, ÉDITEUR DES ŒUVRES DE VOLTAIRE, RUE POUPÉE, N°. 7.

1819.

AVANT-PROPOS.

Les personnes qui ont la manie de tout interpréter, trouveront ici, comme partout ailleurs, l'occasion d'exercer leur dangereux talent; mais le lecteur raisonnable repousse les interprétations pour s'en tenir au texte; car si la criminalité du texte se manifeste d'elle-même, à quoi bon les interprétations, les inductions, etc.? Et si cette criminalité ne se manifeste que par les interprétations, qui nécessairement doivent différer du texte, il semble juste de conclure qu'elle est tout entière dans ses interprétations, et que le seul coupable est l'interprète et non l'auteur.

Ces réflexions me sont suggérées, non par l'ouvrage que je me garderais bien de publier, si je pensais qu'il eût besoin d'être ainsi défendu d'avance, mais par le titre, où il se trouve un nom qui, ayant rempli le monde d'admiration et de terreur, inspire une compassion qui devrait être universelle. Il est des personnes pour qui Napoléon est toujours formidable, comme aux champs d'Austerlitz, et odieux comme à son débarquement sur la plage de Cannes. C'est de la peur et de la haine perdue à plaisir; son nom ne doit plus être un épouvantail : ici même, s'il en était besoin, il tiendrait en garde contre les discours de l'ex-empereur et des personnages de sa suite.

Ainsi, lorsque Napoléon, page 71 et suivantes, parle des jugemens prononcés en 1815 et en 1816, dans l'intérêt de la monarchie légitime, en vertu des lois de la République et de l'Empire, il est naturel qu'il observe que ces lois avaient été faites contre les Royalistes ; car des lois faites seulement contre les Royalistes sembleraient ne devoir pas atteindre ces adhérens.

Ainsi, lorsque le comte de Las Cases établit qu'il y a eu dix violations du traité de Fontainebleau, page 57, son titre d'ami de Napoléon affaiblit ses argumens, auxquels d'ailleurs un Royaliste ne serait pas embarrassé de répondre, comme on le pense bien.

Quand Napoléon demande, page 72, *comment on peut concilier la dix-neuvième année du règne de Louis XVIII, avec la promulgation des lois de la République et de l'Empire*, il oppose le fait que personne ne conteste au droit mis en avant par les défenseurs de la légitimité.

Napoléon accuse, page 106 et suivantes, le duc d'Enghien d'avoir voulu l'assassiner, et veut justifier par-là sa conduite à l'égard du Prince. L'action est telle, et l'opinion publique si bien prononcée en faveur de ce Prince malheureux, que nous avons cru pouvoir publier cette justification quelle qu'elle fût.

Napoléon dit, page 33, qu'il n'avait eu d'autres coopérateurs de son retour de l'île d'Elbe que les Princes; que c'était les mesures et les actes qu'ils provoquaient, etc., etc. Cette phrase n'impute aux Princes que des erreurs; les princes se trompent comme d'autres hommes; et S. M. a dit, dans une proclamation, datée de Cambray; *mon Gouvernement a dû faire des fautes, peut-être en a-t-il fait.*

Au reste, il est dans l'intérêt même du Gouvernement que l'on réimprime en France ces sortes d'ouvrages; ce qu'ils ont de bon est toujours profitable, et le bon sens du peuple fait justice des erreurs de tous genres qu'ils pourraient contenir (1).

PL.

---

(1) Beaucoup de personnes ont pensé que l'*Histoire des cent jours*, publiée par le sieur Domère, était ma propriété; je déclare que c'est une erreur : tous les livres que j'ai publiés ont porté mon nom et mon adresse.

AVIS DU LIBRAIRE.

Un homme a passé à travers l'Europe effrayée, et a laissé dans sa marche de longs et impérissables souvenirs. Tout le monde s'occupe de lui, toutes les trompettes de la renommée répètent son nom, et quand la voix publique cessera de se faire entendre, les monumens et l'histoire parleront plus haut encore, et leur voix retentira dans la postérité.

Destructeur de la liberté publique, Napoléon remplaça les idées généreuses que la Révolution avait fait naître par les prestiges d'une gloire colossale et gigantesque, d'une gloire dont le souvenir et les illusions vivantes encore, ont pu seules nous faire survivre à nos désastres et à supporter sans murmure un traité déshonorant.

Tout ce qui se dit aujourd'hui sur l'homme étonnant qui a, pendant quinze ans, mis sa volonté à la place de la loi, est recueilli et écouté avec avidité; les moindres détails sur sa vie privée, sur ses habitudes, sont l'objet de la curiosité publique, et les Mémoires sur Napoléon ont été pour tous ceux qui les ont publiés, l'objet d'une bonne spéculation.

L'Ouvrage que je publie, imprimé en Belgique par un homme qui a vu et bien vu, contient des circonstances et des faits inconnus jusqu'à ce jour, et rectifie bien des idées fausses; il est plutôt la réfutation et la critique d'un ouvrage plus important, que des Mémoires originaux : il n'en contient pas moins une foule de choses curieuses et de matériaux précieux pour l'Histoire.

Le temps est arrivé où l'on peut revenir sur les événemens passés sans craindre d'éveiller de coupables espérances. La France, tranquille sous l'égide de la Charte, sous le sceptre d'un Roi constitutionnel, n'a plus qu'un désir, *c'est de voir s'affermir* de plus en plus les bienfaisantes et libérales institutions qu'elle doit à la sagesse de son monarque. Les années qui viennent de s'écouler sont pour la génération actuelle, un siècle héroïque et reculé dont les Français admirent l'éclat, mais dont ils ne souhaiteront jamais le retour.

Les documens particuliers sur Napoléon Bonaparte donnent, d'une manière nouvelle, l'interprétation de quelques-uns de ses actes; quand ces interprétations n'ont pas paru justes, une note mise au bas de la page, les rectifie; les assertions hasardées et douteuses, ont été également réfutées et éclaircies : il a été fait pour garantir le succès de cet ouvrage tout ce qui a paru nécessaire.

PLANCHER, LIBRAIRE.

Paris, le 12 octobre 1819.

DOCUMENS PARTICULIERS

(EN FORME DE LETTRES)

SUR

NAPOLÉON BONAPARTE.

Cap de Bonne-Espérance, le 21 avril 1817.

MA CHÈRE,

J'AI reçu dans ma retraite le petit volume des lettres écrites par M. Warden, chirurgien du *Northumberland*.

Vous m'informez que déjà cet ouvrage a eu plusieurs éditions, et que depuis nombre d'années, aucune autre publication n'a autant excité la curiosité du public. Vous désirez connaître mon opinion sur sa véracité: je l'ai lu avec intérêt; jai fort bien connu M. Warden, tant à bord du *Northumberland* qu'à Sainte-Hélène, et je le crois un homme de talent.

On citait particulièrement l'ardente curiosité qu'il montrait pour tout ce qui avait rapport à Napoléon; mais il ne comprend ni le français, ni l'italien, les seules langues modernes parlées par ce grand homme. Conséquemment, il n'a pu apprendre ce qu'il rapporte que par l'intermédiaire du comte de Las-Cases, qui, ayant vécu quelques années en Angleterre, comprend notre langue, mais la parle très-incorrectement et avec une grande hésitation ; ou du général Bertrand, qui la parle encore moins parfaitement que le premier.

Parmi les Français embarqués, Mme. Bertrand est la seule qui parle l'anglais avec facilité et avec une prononciation parfaite. Cette seule observation suffirait en elle-même pour vous faire juger de l'exactitude de ce que rapporte M. Warden.

Il serait inutile d'y rien ajouter ; mais vous désirez avoir quelques détails, vous me faites nombre de questions, et je dois y répondre.

Assurément, je ne puis alléguer le manque de temps pour m'excuser de ne pas acquiescer à votre demande ; car depuis quelques mois, je suis au Cap pour des affaires qui m'y arrêteront encore quelque temps ; et l'excessive chaleur de la saison, jointe aux nuages de poussière, me retient au logis la plus grande partie du jour ; et au lieu de m'occuper de la dernière entrevue de Quika, le digne chef des Caffres, et de lord Sommerset, j'emploierai plus agréablement mon temps à vous donner les détails que vous me demandez.

Comme M. Warden a divisé son ouvrage en huit lettres, j'adopterai le même plan : chacune des miennes contiendra des observations que la lecture de la lettre correspondante de sa relation m'aura suggérées ; j'y ajouterai quelques anecdotes nouvelles, pour satisfaire, autant qu'il m'est possible, votre curiosité.

Vous n'ignorez pas qu'un long séjour en France m'a rendu familière la langue de ce pays, et m'a mis à même de la bien comprendre et de la parler coulamment.

J'ai aussi eu de fréquentes occasions de parcourir à la hâte des manuscrits du plus grand intérêt, relatifs aux événemens mémorables des vingt dernières années; une grande partie de ces manuscrits ont été écrits sous la dictée de Napoléon, par des officiers de sa suite.

Pendant la traversée du *Northunberland*, j'avais une ou deux fois par semaine l'honneur d'avoir une conversation de quelques minutes avec Napoléon, et il ne se passait pas un jour que je n'en eusse plusieurs avec les officiers de sa suite. J'ai fréquemment, à Sainte-Hélène, déjeûné avec Mme. Bertrand, et j'ai eu deux entrevues, chacune de plus d'un quart-d'heure, avec Napoléon.

J'étais aussi particulièrement lié avec le comte Las-Cases, que j'ai vu souvent aux Ronces, et dans son appartement à Longwood.

J'ai l'honneur d'être, etc.

PREMIÈRE LETTRE.

Du Cap de Bonne-Espérance, le 1er. juin 1817.

Ma chère,

Dans une visite que j'ai faite à Longwood, en janvier 1816, j'eus occasion de voir un manuscrit qui rapportait les principaux événemens arrivés en France, depuis le débarquement de Napoléon au golfe Juan, jusqu'à son arrivée à bord du *Northumberland*.

J'ai quelque raison de croire que depuis lors ce manuscrit a été imprimé, et qu'ainsi il ne vous est pas inconnu. Vous y aurez lu les détails et circonstances qui l'ont décidé à abdiquer et à se rendre à bord du *Bellérophon* à Rochefort, et combien il fut satisfait de la conduite que tinrent à son égard sir Henri Hotham et le capitaine Maitland. Vous y aurez vu aussi la manière de vivre qu'il adopta dans des circonstances aussi étranges, tant pendant la traversée, que pendant le peu de tems que le vaisseau resta à Torbay et Plymouth, où il ne lui fut permis de demeurer que vingt jours. Je réserve pour une autre occasion mes remarques sur la décision qui eut lieu à cette époque. Je n'ai rien à ajouter à l'impression profonde que cette narration simple et sans art doit avoir faite sur votre esprit.

Il me semble cependant que l'auteur a oublié d'y insérer la lettre de Napoléon au Prince-Régent; et quoique cette lettre ait été déjà publiée, j'ai jugé à propos de vous en donner ici une copie telle que je l'ai eue d'un officier qui la copia sur l'original. Cette lettre prouve grandement la confiance qu'il avait en nos lois, en notre constitution, et en la grandeur de notre caractère national.

« Altesse royale,

» En butte aux factions qui divisent mon pays, » et à l'inimitié des principales puissances de l'Eu-

» rope, j'ai terminé ma carrière politique. Je viens, » comme Thémistocles, masseoir sur le foyer bri- » tannique ; je me mets sous la protection de ses » lois, que je réclame de votre Altesse Royale » comme du plus puissant, du plus constant, du » plus généreux de mes ennemis.

» Rochefort, le 13 juillet 1815.

» Napoléon. »

Après la cérémonie de son désarmement, que plusieurs personnes jugèrent très-peu nécessaire, et après qu'il eut été déclaré prisonnier, il arriva, le 4 août, à bord du *Northumberland*, où je le vis pour la première fois. La même après-dînée, il eut une conversation d'environ une heure avec lorp Lowther et M. Lyttleton, conversation qui a été très-inexactement rapportée par les journaux. Dans la soirée, il parla très-avantageusement du ton de lord Lowther et des sentimens qu'il lui avait manifestés, et il s'informa de son nom et de sa qualité.

Pendant que Napoléon fut à bord du *Northumberland*, on ne lui donna pas exactement, en lui parlant, le titre de *général*, titre auquel il déclara toujours qu'il ne répondrait pas ; et M. Warden était trop curieux et trop désireux d'entrer un peu dans son intimité, pour commettre une action qu'il savait devoir l'offenser. A la vérité, on le qualifiait toujours ainsi dans les dépêches officielles du gouvernement ; mais hors de là, on évitait autant que possible cette qualification.

«La validité, dit le général Montholon, du droit qu'a eu l'Empereur de se revêtir de la pourpre impériale, a été reconnue par chaque puissance.

» En France, ajouta-t-il, plusieurs familles se sont succédées au trône, et ont formé différentes dynasties, soit par le consentement du peuple, représenté par les assemblées des Champs-de-Mars, des Champs-de-Mai, soit par les parlemens, composés des évêques et de la noblesse, qui, à cette époque, constituaient la nation. Dans votre propre pays, continua-t-il, combien de différentes maisons ne se sont pas succédées? La maison d'Hanovre, qui succéda à celle des Stuarts, règne dans ce moment, parce que vos aïeux l'ont ainsi voulu, et que cela était nécessaire à la conservation de leurs intérêts, et à leurs opinions politiques et religieuses. Vos vieillards ont vu la dernière branche des Stuarts faire une descente en Ecosse, où elle fut soutenue par ceux dont les intérêts et les opinions étaient conformes aux siens ; mais elle fut repoussée et chassée par la grande majorité de la nation anglaise, dont les nouveaux intérêts et les opinions nouvelles étaient en opposition à ceux de la famille des Stuarts. »

Il dit encore : «Lorsque Napoleon fut élevé à l'empire, il était considéré comme le seul à même de préserver les intérêts et les opinions de la France ; il fut consacré par le chef de la religion catholique, reconnu par toutes les puissances de l'Europe, même par l'Angleterre, qui, en dernier lieu, le reconnut comme premier consul et chef à vie de la république française. Lord Withworth fut accrédité et demeura en qualité d'ambassadeur près la cour des Tuileries, et le général Andréossy en la même qualité à celle de St.-James Quelque temps après, en 1806, lord Landerdale reçut des lettres de crédit comme plénipotentiaire du roi de la Grande-Bretagne pour traiter de la paix avec Napoléon comme empereur. En 1814, lord Castlereagh, en signant à Chatillon l'*ultimatum*, le reconnut de nouveau, et avec toute l'Europe, empereur des Français.

» Pour autoriser votre gouvernement, continue-t-il, à le qualifier de *général*, il fallait qu'il ne l'eût jamais reconnu comme chef à vie de la république française; que les lords Landerdale, Castlereagh ne l'eussent jamais reconnu empereur des Français; et aussi que l'objet de la guerre eût été de les obliger à une pareille reconnaissance; circonstance qui n'a assurément jamais été alléguée comme étant le but proposé, ou bien la cause de la continuation de la guerre. Vous êtes assurément autorisé à ne pas reconnaître Joseph comme roi d'Espagne, parce que sa nomination, comme tel, fut toujours alléguée comme étant la cause de la guerre qui alors se faisait en Espagne, et qui empêcha l'ouverture des négociations.

» Napoléon, poursuit-il, en souffrant qu'on le qualifiât du titre de général, conviendrait tacitement que la république française et la quatrième dynastie n'ont jamais existé. Mais même dans la situation extraordinaire des choses, l'on aurait pu avoir recours à une mesure qui fût suggérée et qui aurait prévenu toutes ces controverses fatigantes : on pouvait, par exemple, l'appeler Napoléon, ou lui donner tout autre nom qui n'emportât point de qualification ; mais on ne voulait qu'accumuler les outrages envers un homme extraordinaire qui s'est entouré de tant de couronnes, qui a placé sur le trône les maisons de Bavière, de Saxe et de Wurtemberg.

« La maison d'Hanovre ne lui doit-elle pas elle-même la couronne royale qu'elle a échangée contre le bonnet électoral ? »

Les besoins de Napoléon, pour revenir à sa situation à bord du *Northumberland*, étaient si petits, qu'ils excitaient la surprise de l'équipage, qui déclara qu'il donnait moins d'embarras qu'un simple lieutenant.

Les Français observèrent qu'il était impassible. Il passait quelquefois une grande partie de la nuit et de la matinée, à lire et écrire, sans sortir de son appartement. Il déjeûnait vers dix heures. Vers quatre heures de l'après-midi, il se rendait habituellement dans la grande cabine, et jouait aux échecs. L'amiral venait ordinairement vers cinq heures, dans la cabine, d'où il se rendait dans une autre pour dîner. Il semblait habitué à ne rester qu'environ un quart-d'heure à table ; néanmoins, pour se conformer un peu à nos usages, il y demeurait environ une demi-heure. Il se levait alors, et se rendait sur le tillac, accompagné du général Bertrand et du comte de Las-Cases; il y faisait quelques tours, et s'asseyait ensuite sur un des canons du tillac ; une heure aprés environ, les officiers de sa suite se levaient de table. Après une courte conversation, il rentrait dans la cabine, et ordinairement, entre neuf et dix heures, dans son appartement. Telle était sa manière de vivre habituelle. Ayant fréquemment dîné avec lui, j'ai remarqué qu'il mange fort et très-vite; que sa boisson ordinaire est du claret (vin de Bordeaux) mélangé de deux tiers d'eau, qu'il flairait et mouillait seulement ses lèvres de la liqueur qu'on lui présentait, ce qui me parut d'abord une singulière et bizarre habitude. Après information, j'appris que cela provenait de ce qu'il avait l'odorat extrêmement fin. Pendant la traversée du *Northumberland*, il parut souffrir de l'odeur de la peinture, par suite de cette exextrême délicatesse d'odorat.

Pendant sa promenade sur le tillac, il parlait ordinairement à l'officier de garde, au maître, au ministre (prêtre-aumônier.) Il semblait quelquefois désirer d'être présent aux observations que faisait le maître; il faisait de fréquentes questions à MM. Warden et O'Meara, sur la santé de l'équipage et sur quelques points de médecine, de laquelle il aime à causer, comme étant une science naturelle. Avec le Ministre, il parlait des dogmes et rites des différentes sectes religieuses de l'Angleterre. Il parlait souvent du siége d'Acre au capitaine de la Marine, qui y était sous les ordres de Sidney-Smith. Jusque-là, le tableau qu'en a tracé M. Warden est généralement exact.

Depuis la catastrophe qu'essuya son armée à Waterloo, jurqu'à son arrivée à Ste.-Hélène, ses officiers assurent qu'il ne montra pas la moindre humeur, impatience ou abattement. Je pense que sa figure et ses habitudes ont été observées avec beaucoup de soin par nos compatriotes. Quand il parle, il interroge, et aime mieux faire des questions que de répondre. Cela vient qu'ayant été accoutumé à recevoir beaucoup de monde de divers états, il est habitué à parler à chacun de la professsion qui lui est propre. Je le vis un jour, à Ste-Hélène, causer plus d'une demi-heure avec un vieil esclave Siamois, à la conversation duquel il semblait éprouver quelque plaisir. Son attention marquée, de rendre le salut aux plus basses classes, et même aux esclaves, me semblait d'abord de l'affectation; mais j'appris que telle avait toujours été son invariable habitude; qu'il avait dit qu'il était du devoir d'un souverain de rendre également le salut à tout le monde, parce qu'à ses yeux tous les hommes avaient les mêmes droits et étaient égaux.

L'équipage semblait avoir conçu une sorte d'amitié pour lui, et je remarquai qu'il savait gré aux officiers du tillac de l'attention qu'ils avaient de lui faire une espèce de garde d'honneur pendant la manœuvre, pour empêcher qu'il ne fût heurté par les matelots.

J'étais présent, un jour qu'on lui fit voir le fils

du général sir Robert Wilson, jeune homme très-vif (il connaissait fort bien les ouvrages du père); je ne remarquai cependant aucune émotion de sa part, si ce n'est un sourire.

Je me hâte de terminer cette longue lettre, en vous racontant que, dans uns discussion qui eut lieu il y a quelques mois, Napoléon ayant été informé qu'une assertion semblable à celle de M. Warden, avait été faite relativement à ce qu'il avait été induit à abdiquer par suite d'une lettre contrefaite du comte de Metternich, que lui présenta Fouché, relativement aux intentions de l'Autriche, à l'égard de son fils; il délara que cette assertion était *inexacte* et *ridicule*; il ajouta, qu'il était étonné d'apprendre d'où elle venait.

Les raisons qui le portèrent à abdiquer, ainsi que les négociations secrètes et séparées de l'Autriche et de la Russie, à cette époque, sont rappelées avec tant de force et de clarté, dans l'ouvrage dont j'ai parlé précédemment, que je ne puis rien y ajouter de plus.

Je ne puis pas dire que je me rappelle que M. Warden fut dans l'habitude d'avoir de longues conversations avec Napoléon, pendant son séjour à bord du *Northumberland*, mais je remarquai que ce dernier le recevait toujours avec plaisir et en souriant. Sa bouche est la partie la plus expressive de sa physionomie, et qui dépeint le mieux les sensations de son ame.

J'ai l'honneur d'être, etc.

SECONDE LETTRE.

Cap-de-Bonne-Espérance, le 22 avril 1817.

Ma chère,

En parcourant la deuxième lettre, je remarque avec plaisir que ma tâche sera courte. Elle a principalement pour objet le récit d'une conversation que l'on dit avoir eu lieu avec Mme. Bertrand, relativement à Talleyrand. Comme cette dame parle parfaitement l'anglais, on ne peut alléguer aucun prétexte de mal entendu. Mais M. Warden n'a-t-il pas trop minutieusement rapporté des expressions auxquelles probablement Mme. Bertrand n'a attaché à cette époque aucune importance, et qu'elle laissa assurément échapper sans imaginer qu'elles seraient jamais imprimées.

D'après l'opinion des Français de Longwood et de leur chef, Talleyrand est un homme de beaucoup de talent, rusé, artificieux et discret, mais absolument sans principes ; son attention et son cœur sont constamment fixés sur la roue de fortune. Si vous êtes curieux de connaître ses sentimens, questionnez-le ; il est impénétrable ; sa contenance change aussi peu que le marbre ; mais cette discrétion vient à cesser, lorsqu'on le rencontre à la sortie de quelque grand repas.

Il encourut le mécontentement et la disgrâce de Napoléon, et la direction des affaires étrangères lui fut retirée par suite de plaintes réitérées des rois de Bavière et de Wurtemberg, relativement à la honteuse corruption du cabinet des Thuileries; parce qu'aucune négociation ou traité ne pouvaient se faire sans avoir préalablement obtenu la protection du ministre, au moyen de larges présens.

Napoléon, après lui avoir plusieurs fois exprimé son mécontentement de cette conduite, s'apercevant enfin qu'il était incorrigible, et frappé en outre de la mauvaise réputation que de pareilles pratiques donnaient à son gouvernement, lui ôta le *portefeuille*. Néanmoins Talleyrand, très-rusé, s'efforça d'affaiblir le coup qui le menaçait; et ainsi, quoiqu'il n'eût plus la direction des affaires étrangères, il conserva assez de crédit pour être choisi parmi ceux qui travaillèrent à Erfurth en 1807, en qualité de grand-chambellan, qu'il réunissait à celle de vice-grand-électeur; et là, il travailla à faire un mariage entre un de ses neveux et la jeune duchesse de Courlande. Peu de temps après, atteint de la maladie commune aux ministres disgraciés, il intrigua de toute manière pour être employé de nouveau, et former un ministère dans son propre intérêt. L'appel de Rémusat, premier chambellan, à la place de ministre de l'intérieur, l'offensa beaucoup, et fut la cause de la perte qu'il fit de la place de grand-chambellan, dont les fonctions étaient à la fin vraiment incompatibles avec celles de vice-grand-électeur.

M. Warden est exact, en disant que Talleyrand fut le premier qui proposa les mesures qui furent par la suite suivies en Espagne. A cet effet, il avait de fréquentes conférences avec le seigneur Esquirdo, auquel, pendant le voyage que fit Napoléon à Fontainebleau en 1807, il fit part des projets que l'Empereur avait sur ce pays. Comme à cette époque il n'était chargé d'aucune fonction, les courtisans furent étonnés des fréquentes entrevues qui eurent lieu, et se perdirent en conjectures sur ce qui pouvait être la cause de ce renouvellement de faveur. Dans son projet de changement de dynastie en Espagne, l'on dit que Talleyrand avait particulièrement deux objets en vue, le désir de rentrer dans le ministère des affaires étrangères, et l'espoir d'accroître encore l'immense fortune qu'il avait déjà.

En février 1812, il fut choisi pour aller à Dresde, et de là à Varsovie, en qualité d'ambassadeur extraordinaire, pour diriger l'insurrection et l'organisation de la Pologne. Cette mission, qui était extrêmement importante, lui procura différentes marques de faveur. Napoléon le retint souvent et fort long-temps pendant les soirées des mois de mars et avril Comme Talleyrand se levait tard, il ne paraissait jamais au lever. Dans le même temps, l'ambassadeur de France à Vienne fit savoir qu'un singulier bruit agitait l'esprit public, et qu'il avait produit un grand effet sur le change, savoir qu'on avait demandé un crédit de 100,000 couronnes, payables à Varsovie, pour le prince de Bénévent; ce qui prouvait que Talleyrand n'avait pas abandonné ses anciennes manœuvres d'agiotage. Napoléon en fut tellement indigné, qu'il ne l'envoya pas à Dresde, et ne l'employa plus dans les affaires politiques ; une circonstance qui l'indisposa encore plus contre lui, c'est qu'il avait dirigé ses vues vers le rétablissement de la couronne ducale de Saxe, pour son neveu, qui avait épousé la duchesse de Courlande, dame du palais de l'impératrice.

J'ai entendu un propos de Talleyrand, qui était alors ministre du directoire, justifiant la fête du 21 janvier, comme anniversaire du meurtre de Louis XVI, cérémonie horrible, qu'il soutenait être juste, politique et nécessaire. Il essaya en 1798, de persuader à Napoléon d'y assister; mais celui-ci montra une grande répugnance à le faire. L'on dit aussi qu'à l'époque du concordat, Napoléon s'était beaucoup intéressé pour Talleyrand, et désirait sa promotion au cardinalat, ce qui eût été un moyen très-efficace de lui rendre un peu d'estime : mais l'ex-évêque ne voulut pas y consentir, et peu de temps après Mlle. Grant, sa maîtresse, vint se jeter aux pieds de Napoléon, et le pria de lui accorder la permission d'épouser Talleyrand, ce qu'il refusa d'abord ; néanmoins Mlle. Grant étant parvenue à intéresser Josephine en sa faveur, le mariage eut lieu. Cette dame ayant, quelque temps après, formé une liaison très-étroite avec St.-Foix et autres agens de corruption, et ayant reçu de grosses sommes d'argent, pour influencer l'opinion du cabinet relativement aux affaires de Gênes et des autres états d'Italie, fut disgraciée par Napoléon, et ne fut plus reçue à la cour. Elle fit de vaines sollicitations pour obtenir la permission d'assister aux fêtes lors de la célébration du mariage de l'archiduchesse *Marie-Louise*.

Ces trois événemens affaiblirent beaucoup les bonnes dispositions de Talleyrand envers Napoléon; cependant, il fut constant dans son assiduité à la cour. En 18 4, Napoléon, au moment de son départ pour l'armée, avait d'abord résolu de l'exiler dans ses terres, considérant que sa présence à Paris pouvait dans ces momens n'être pas sans inconvénient: mais l'archi-chancelier Cambacérès, et Savary, ministre de la police, influencés par Talleyrand, intercédèrent pour lui avec tant d'instance, qu'ils parvinrent à lui obtenir la permission de rester à Paris. Il paraît que Talleyrand est actuellement généralement méprisé; qu'il a perdu la considération de tous les partis, et qu'il n'a d'influence près d'aucun.

Mais il paraît aussi que la même finesse de sa part a réussi près de Louis XVIII; et qu'après avoir dirigé les affaires, lorsque Louis trouva à propos d'appeler le duc de Richelieu dans son cabinet, Talleyrand s'efforça de s'attacher à la cour au moyen de la charge de grand chambellan, qu'il était parvenu à se faire donner.

J'aperçois aussi dans cette lettre quelques détails relatifs à la conduite de Massena, à la bataille d'Essling, qui sont inexacts. Massena n'a jamais commandé du côté où était situé ce village, mais au village de *Gros-Aspern*. Il était donc impossible que l'attaque faite sur Esling, fut soutenue par lui: j'ai appris que l'attaque faite de ce côté, qui décida cette journée en faveur des Français, fut faite par le général Rapp, et surtout par le général comte de Lobau, qui montra beaucoup de bravoure et fut dangereusement blessé.

Une grande partie des détails de cette lettre sont apocryphes, et je suis porté à croire que M. Warden a mal compris ce que lui ont dit des étrangers, ayant une connaissance très-imparfaite de la langue anglaise. Où, par exemple, a-t-il appris que Napoléon avait été aide-de-camp du père du général Montholon? Il se trompe aussi en disant que les généraux Montholon et Gourgaud furent aides-de-camp de Napoléon, car aucun d'eux n'a jamais été employé en cette qualité.

Il est sans doute à regretter que des personnes soient exposées à voir imprimer leurs opinions sur des personnages vivans, sans avoir obtenu leur consentement au préalable. Mon propre journal est rempli de pareilles conversations, mais assurement je serai plus scrupuleux dans mes publicatations sur de tels sujets.

Vous éprouveriez sans doute quelque plaisir à lire des anecdotes sur des personnages qui ont cessé d'exister depui peu. Dans le manuscrit dont je vous ai déjà parlé, j'en ai lues plusieurs dout l'authenticité est garantie par de mûres controverses, et des opinions réitérées dans plusieurs conversations.

Labédoyère (le même qui joignit Napoléon à Gre

noble avec son régiment) est représenté comme un jeune homme doué des plus nobles sentimens, animé de l'amour de la gloire, et ne pouvant se décider à servir un gouvernement qu'il croyait avoir été imposé par les baïonnettes étrangères. On le regarde comme s'étant déclaré dans le moment le plus dangereux, avec la plus grande franchise et le plus grand courage, et animé d'un véritable attachement et surtout d'enthousiasme. On considère Ney, comme ayant peut-être été l'homme le plus brave de l'armée française, mais comme ayant reçu peu d'éducation ou ayant peu d'instruction. On dit que devant Napoléon, il était extrêmement soumis, n'élevant jamais la voix en sa présence, quoiqu'au dehors il se permît quelquefois des expressions très-peu circonspectes. Le discours que l'on prétend qu'il tint à Napoléon à Fontainebleau, est démenti par les généraux Bertrand et Gourgaud qui étaient présens tous deux, et qui déclarent en outre que les troupes étaient tellement transportées de rage contre ceux qui les avaient trahies, qu'au moindre geste Ney eût été massacré.

Il est reconnu que Ney était sincère dans sa protestation au Roi, le 8 mars 1815; qu'il ignorait tout à fait ce qui se passait à l'île d'Elbe; et que, jusqu'au 13 mars, il était resté fidèle au roi.

Après avoir lu les proclamations datées du golfe Juan, les adresses de Grenoble et des différentes villes du Dauphiné, de Lyon et de toutes les villes du Lyonnais, des troupes qui étaient à Grenoble et à Lyon, et appris la fuite précipitée de Monsieur et des Princes, ainsi que la défection de tous les régimens qui composaient son armée, à l'exception de quatre qui étaient avec lui à Lons-le-Saulnier ; voyant en outre leur disposition hautement exprimée de prendre la cocarde tricolore, et s'apercevant du mouvement extraordinaire qui agitait tous les paysans et toutes les communes de la Franche-Comté, dont la joie et l'exaltation, (ainsi que celle des paysans des provinces environnantes de la Lorraine, l'Alsace, la Bourgogne, et la Champagne) n'avait pas de bornes ; Ney commença à flotter et fut entraîné : ses anciens principes prévalurent, et il s'abandonna à ses premières affections. Le 13 mars, il reçut du général Bertrand (qui remplissait alors les fonctions de major-général) un simple ordre de mettre ses troupes en mouvement, avec une lettre de Napoléon lui-même, contenant ce peu de lignes :

» Mon cousin Bertrand vous envoie l'ordre de marcher, je ne doute pas qu'au moment où vous apprîtes mon arrivée à Lyon, vous n'ayez ordonné à mes troupes d'arborer le drapeau tricolore. Exécutez ses ordres et venez me trouver à Châlons. Je vous recevrai comme je l'ai fait le lendemain des journées d'Elchingen et de la Moskwa. »

Ney ne peut résister davantage. Le matin du 14, il assembla ses quatre régimens et leur donna lecture de cette proclamation bien connue, qui fut en même tems expédiée à toutes les villes sous ses ordres. Cette proclamation fut entièrement composée par lui et renfermait ses propres sentimens. Il paraît que, croyant les affaires décidées, il désirait s'en faire quelque mérite à lui-même. L'opinion dominante parmi les Français est que, si Ney se fût déclaré cinq jours plutôt, lorsque les Princes étaient encore à Lyon, sa conduite eût été assimilée à celle de Labédoyère ; mais au moment où il fit sa proclamation, Ney n'avait, dans le fait, plus aucun commandement, et viola ainsi sans nécessité toute idée de décence publique. Il eût beaucoup mieux valu pour lui d'avoir abandonné à Lons-le-Saulnier les quatre régimens à leurs propres sentimens et d'être revenu à Paris, annoncer ce qui était exactement vrai : « *Qu'il n'avait pu résister à la volonté du peuple et des troupes.* »

Lorsqu'il envoya sa proclamation à Bertrand, il y joignit une lettre pour Napoléon dans laquelle il disait : « *Que si la conduite qu'il avait tenue l'année précédente avait pu en aucune manière, lui ôter sa confiance, il était pret à se retirer dans ses terres.* » Napoléon peu disposé envers lui, et dégouté des termes dont il s'était servi dans sa proclamation, avait, m'a-t-on dit, dicté une lettre par laquelle il acceptait sa résignation; mais une considération politique, facile à concevoir, contrebalança sa première intention; il lui fit adresser l'ordre de le joindre à Auxerre, où à son arrivée, dit-on, il fut extrêmement embarassé, et loin de se trouver dans une situation d'esprit à pouvoir tenir le langage qu'on lui prête. Cependant Napoléon le traita de la même manière qu'il avait toujours fait, et même l'appela souvent *le brave des braves*.

Après ceci sa mission fut d'inspecter toutes les places fortes des frontières, ce qu'il fit depuis Dunkerque jusqu'à Strasbourg; il assista ensuite au Champ-de-Mai.

La conduite de Ney a été comparée à celle du maréchal de Turenne en 1649, qui commandait alors l'armée du Roi en Alsace, au commandement de laquelle il avait éte appelé par Anne d'Autriche, régente de France. Il avait fait le serment de fidélité au Roi, et cependant il chercha à corrompre son armée, se déclara pour la Fronde et marcha sur Paris, trahissant ainsi son Roi et ses sermens. Ayant été déclaré coupable de haute trahison par le Roi, son armée se repentit, rentra dans le devoir et l'abandonna. Turenne poursuivi, s'enfuit en pays étranger, près du prince de Hesse, pour se mettre à couvert des mains de la justice, et seulement accompagnée de six de ses amis. Ney fut entraîné par l'opinion unanime de son armée et par celle du peuple.

Ney avait été élevé dans les principes de la souveraineté du peuple, il avait combattu pendant vingt-cinq ans pour la faire reconnaître, et durant cette lutte, s'était élevé du rang de soldat à celui de maréchal. Si la conduite de Ney n'a pas été honorable, elle pouvait en quelque manière se justifier; mais la conduite de Turenne était hautement criminelle, puisque les frondeurs étaient les alliés de l'Espagne avec qui son Roi était en guerre, et parce qu'il n'avait que son propre intérêt pour guide, ainsi que celui de sa famille, et l'espoir d'avoir une souveraineté par le démembrement de son pays.

Les défenseurs de Ney disent que Bertrand l'avait assuré que l'Angleterre et l'Autriche étaient d'accord avec Napoléon et qu'ils s'entendaient. Ceci est nié par Bertrand, qui de plus, assure que cela est contraire aux proclamations datées du golfe Juan, et aux dépêches par lui adressées à Ney; que dans les proclamations il est dit qu'il ne voulait rien devoir aux étrangers, mais tout au peuple et à l'armée. Il assure que dans les discours tenus pendant la route de Digne, Gap, Grenoble, Lyon, Ville-Franche, Châlons, Auxerre et autres, jusqu'à Paris, Napoléon déclara constamment que tout son mérite dans cette grande entreprise consistait uniquement en ce qu'il avait bien su pressentir les sentimens du peuple et de l'armée; qu'il n'avait pris le consentement d'aucun prince étranger, et qu'il croyait que c'était un crime d'avoir recours à leur intercession dans les affaires de son propre pays.

On rapporte une conversation curieuse qu'on dit avoir eu lieu, huit heures après le débarquement de Napoléon à Cannes, entre lui et le prince de Monaco, précédemment premier écuyer de Joséphine. C'était à une heure du matin; la lune était levée depuis environ une demi-heure. Napoléon était debout dans le bivouac, ayant le dos tourné à un petit feu. Le prince de Monaco lui fut présenté, et le reconnut sur le champ. Jusqu'alors il n'avait pas voulu croire à sa présence. « Quoi, dit-il, Votre Majesté ici ! Il est donc inutile que je continue ma route vers ma principauté. Une division de votre armée en a déjà sans doute pris possession. — Et de quelle nation ? il m'est impossible de le dire, répliqua le prince; peut-être des Autrichiens, des Anglais. — Quoi ! me croyez-vous capable d'entrer en France avec une armée étrangère ? Non, vous la voyez toute; tous sont français, et leur nombre ne sélève pas à 3000 hommes, qui se mettront en marche dans une heure; vous pourrez alors continuer votre route et vous rendre à votre destination. — Et où allez-vous de la sorte ? — A Paris. » Immédiatement après, Napoléon fit un signe, les témoins se retirèrent et les laissèrent s'entretenir environ une demi-heure avec quelques personnes de connaissance ; mais rien de plus n'a transpiré de leur conversation

Une grande quantité d'autres circonstances se trouvent rapportées dans mon journal, j'en extrairai quelques mots relatifs à Lavalette. Lavalette avait été aide-de-camp de Napoléon pendant les campagnes d'Italie et d'Egypte. Dans le mois de fructidor, il fut chargé d'observer tout ce qui se faisait à Paris, et d'en informer de suite son général. Au 18 brumaire, la place de directeur-général des postes était devenue vacante par la nomination de M. Gaudin (ensuite duc de Gaëte) au ministère des finances, et fut remplie pendant peu de temps par M. Laforêt. Comme on crut de la plus grande nécessité qu'une place aussi importante fût occupée par une personne qui jouît de la confiance particulière de Napoléon, et que Laforêt était trop lié avec Talleyrand, Lavalette fut appelé à cette fonction, alors de grande importance en elle-même, et qui le devint par la suite encore plus. Le ministre de la police générale transmettait journellement à Napoléon un rapport sur ce qui s'était passé dans son département, et qui avait pu attirer son attention. Le préfet de police en donnait un autre sur ce qui était arrivé à Paris. L'un et l'autre de ces magistrats avaient l'habitude d'insérer dans leurs bulletins un long article sur la situation de l'esprit public, rédigé d'après les passions et les intérêts du moment. Napoléon supprima cet usage, et leur ordonna de se borner aux faits isolés, sans en tirer de conséquences. Néanmoins, désirant en même temps connaître particulièrement l'opinion publique sur les actes de son administration, il choisit 12 observateurs (hommes distingués en littérature) d'entre les partis les plus opposés : parmi eux, il y en avait quelques-uns du parti de la Montagne; quelques-uns de la Gironde; des constitutionnels de 1791; d'autres qui avaient émigré ou vécu en Angletre. pendant quelque tems; d'autres qui avaient servi dans l'armée de Condé. Ces 12 individus recevaient par l'intermédiaire de Lavalette un salaire de 1,000 fr. par mois, et lui transmettaient directement, 1 ou 2 fois par mois (comme ils lejugeaient convenable) un rapport sur tout ce qu'ils jugeaient de plus important et relatif à l'administration et à l'esprit public; un enfin, sur tout ce qui était arrivé dans le mois. Afin que ces observateurs pussent s'exprimer avec liberté et franchise, ils rédigeaient leurs lettres comme si elles étaient adressées à Lavalette, qui les plaçait de suite dans le portefeuille de Napoléon. Ce dernier, d'après ce que j'ai appris, les ouvrait lui-même, les parcourait et les détruisait, après en avoir (lorsqu'il le jugeait à propos) tiré quelques extraits de sa propre main. Ceci se faisait de telle manière, que même ses secrétaires les plus intimes n'avaient aucune connaissance de cette correspondance. Le général Bertrand m'a assuré que lui-même avait toujours ignoré les noms de ces observateurs, quoiqu'il ait quelque fois soupçonné deux ou trois individus d'en faire partie. En outre, ils étaient choisis parmi des personnes sans place, et qui n'étaient pas accoutumées à suivre la cour. Napoléon ne les reçut jamais, et n'en connaissait pas même de vue le plus grand nombre. Ces écrivains eux-mêmes ignoraient si leurs lettres avaient été lues ou non.

L'on ma assuré que Lavalette ignorait totalement ce qui se tramait à l'île d'Elbe, et que la raison pour laquelle il quitta son logis au milieu de mars, se cacha, était que son attachement à Napoléon étant généralement connu, il craignait qu'on ne l'arrêtat comme ôtage. Il n'y avait rien de singulier dans cette conduite, car beaucoup de personnes qui ignoraient tout à fait ce qui se passait, se cachaient de même.

Mme. Lavalette (fille du marquis de Beauharnais, qui, ainsi que son frère le vicomte, était membre de l'assemblée constituante, du parti opposé, et servait dans l'armée de Condé, pendant que son père commandait les armées de la république) était cousine d'Eugène Beauharnais. Elle était extrêmement jolie, et fut mariée à Lavalette, qu'elle distingua d'après le désir de Napoléon, à son retour de la première campagne d'Italie en 1798. Elle fut ensuite dame d'atour de Joséphine, et perdit à cette époque beaucoup de ces charmes par la petite vérole, quoiqu'elle soit encore très-belle femme. Elle était d'un caractère indolent, et de toutes les femmes de leur connaissance, les Français de Longwood disent qu'elle était la dernière qu'ils auraient crue capable de l'action héroïque qui l'a illustrée parmi tout notre moderne beau sexe.

Je pourrais continuer à vous donner des extraits de mon journal sur les caractères d'individus qui en dernier lieu, ont occupé l'attention publique, mais cette lettre est déjà assez longue, et je crains de fatiguer votre attention par des récits relatifs à des hommes dont les noms seront bientôt oubliés.

J'ai l'honneur d'être, etc.

TROISIÈME LETTRE.

Du Cap de Bonne-Espérance le 1er. mai 1817.

MA CHÈRE,

En examinant cette troisième lettre, une tâche plus difficile s'offre à moi, et des objets plus importans y sont discutés. L'on y assure que le duc de Bassano était à la tête de la conspiration pour le retour de Bonaparte en France; que nombre d'individus furent envoyés de France à l'île d'Elbe ; et aussi que l'on donna à entendre à Bonaparte, que les Anglais étaient résolus de l'envoyer à Sainte-Hélène, etc.

Ces récits sont tout à fait contraires à ce que j'ai lu dans plusieurs manuscrits de Longwood, à ce que j'ai appris dans différentes conversations avec le maréchal Bertrand, et même à ce que j'ai entendu dire à Napoléon lui-même, qui a souvent affirmé qu'il n'avait eu d'autre coopérateur de son retour de l'île d'Elbe, « que *le comte d'Artois*, *ses deux fils et sa belle fille ;* que c'étaient leurs mesures et les actes qu'ils provoquaient de la part du gouvernement des Tuileries, qui lui avaient appris qu'ils étaient isolés au milieu de la nation, et n'avaient pour eux que le parti émigré et les contre-révolutionnaires. » Dans un des manuscrits susdits, j'ai lu les phrases suivantes, placées comme un titre (ou en tête) : « Un des précédens rois d'Egypte ordonna qu'après sa mort, on plaçât sa momie sur le trône de ses ancêtres au milieu de la salle intérieure de la grande pyramide. Elle demeura là, sans communication avec l'air intérieur, et bien des années après, des prêtres de Memphis furent curieux de pénétrer dans l'intérieur de la pyramide; au moment que la lumière du soleil s'y introduisit, la momie et son trône s'écroulèrent et se réduisirent en poussière, n'ayant plus aucune affinité ni avec l'atmosphère ni avec la chaleur du soleil.»

Dans le même manuscrit, il est dit que Napoléon était déterminé à aller se replacer sur le trône impérial, d'après son opinion particulière ou son impulsion, et d'après les actes du gouvernement royal. Qu'en partant de Fontainebleau en 1814, il dit : «Si les Bourbons gouvernent comme les chefs de la cinquième dynastie, ils réussiront; mais si au contraire ils cherchent à continuer la troisième, ils ne demeuront pas long-temps; » qu'avant son départ de l'île d'Elbe, plusieurs personnes de sa suite désiraient qu'il s'assurât des sentimens de Masséna, qui commandait sur les côtes où le débarquement devait s'effectuer, ainsi que des dispositions du général qui s'y trouvait sous ses ordres, et qu'il rejeta aussitôt l'un et l'autre.

«Si j'ai consesvé le cœur du peuple et de l'armée, ces hommes feront céder leur inclination particulière à cette volonté souveraine; si je l'ai perdu, je n'ai rien a espérer de l'influence de quelques individus; c'est au moyen de l'imagination et de l'opinion des grands corps que j'ai toujours agi». Sa réussite et les acclamations avec lesquelles le peuple et l'armée le reçurent ont surpris le monde entier.

L'on dit que le maréchal Soult (qui d'après le manuscrit susdit, servait réellement le roi avec fidélité) crut, en apprenant d'abord le débarquement, que quelques gendarmes suffiraient pour en rendre bon compte ; mais il avoua ensuite, que les événemens qui s'étaint passés lui avaient révélé les secrets sentimens de la nation et de l'armée, dont avant il n'avait pas la moindre idée. Cambacérès, Savary, Fouché, Carnot même et plusieurs autres, manisfestérent la même opinion, qu'ils n'avaient jamais douté que Napoléon n'eût beaucoup de partisans, mais qu'ils n'avaient jamais cru possible qu'il arrivât à Paris, ainsi qu'il le fit, sans tirer un coup de fusil.

Quant à la décision supposée du cabinet anglais, d'enlever Bonaparte de l'île d'Elbe pour le transférer à Ste-Hélène, il est reconnu qu'à cette époque, les journaux anglais assurèrent, et cela fut répété par les journaux de France, d'Allemagne et d'Italie, que cela avait été *positivement* arrêté, ce qui produisit un certain malaise à l'île d'Elbe, et par suite plusieurs forts furent mis en état de défense, et la garnison et les approvisionnnemens furent complétés. Néanmoins le colonel Campbell, notre compatriote, vint de Florence exprès afin de désavouer ces rapports, et les faire mépriser comme faux et absurdes; mais en même temps il fit quelques observasions relativement à l'occupation de Palmatiola et Pianoza par Napoléon. Palmaziola est un petit rocher à mi-chemin entre Elbe et Piombino, dépendant de la première; il est inhabité et ne produit rien. Sur la partie la plus élevée se trouve une petite tour fortifiée de 4 canons, avec une garnison de 3 invalides et d'un bombardier qui est gouverneur. Pianoza est aussi une petite île, dépendante d'elle, située à environ mi-chemin de cette île et de la Corse. C'est un roc composé de corail, couvert d'oliviers et d'autres espèces d'arbres; il a environ 15 milles de circonférence; il présente une surface plane, élevée d'environ 20 toises au dessus de la mer; la crainte des pirates fait qu'il est inhabité. Le colonel Campbell assura que ces deux îles n'avaient pas été comprises dans la concession; mais il fut très-confus lorsque le général Bertrand lui exhiba l'acte de prise de possession, dans lequel Pianoza, Palmaziola, et Monte-Christo étaient nommément exprimés, et qui était signé par les commissaires des puissance alliées. Le général Bertrand lui rappela aussi qu'il avait eu *lui-même* l'honneur d'accompagner Napoléon pour prendre possession de Pianoza, où il fit une partie de chasse. Ceci parut jeter quelque jour sur les projets ultérieurs des puissances alliées; mais cette démarche du colonel Campbell n'a eu lieu qu'au commencement de février, et il est reconnu que l'expédition de l'île d'Elbe était déjà résolue à cette époque.

Quant au traité de Fontainebleau, Napoléon assure qu'ils ne s'y sont conformés en aucune manière, (ainsi que vous l'avez vu si bien exprimé dans le discours de lord Grey à la chambre des pairs) et que la justice était entièrement de son côté. Il affirme qu'il n'y avait pas moins de dix violations matérielles du traité. Etant curieux de les connaître, je les appris par la suite et les inscrivis dans mon journal, dans les mêmes termes (1) dont se servit la personne de qui je les tiens :

1°. Des passeports devaient être donnés à toute la famille de Napoléon, afin qu'il leur fût permis de le suivre : nonobstant ce, sa femme et son fils furent saisis et envoyés à Vienne.

2°. Il devait être considéré comme Empereur et sa femme comme Impératrice ; mais la cour de France refusa de le faire ; et en était si loin, que Louis, lorsqu'il fut assis sur le trône, à Paris, avait considéré le gouvernement impérial, comme un gouvernement usurpateur ; avait daté ses actes de la 19e année de son règne, et prétendait que Napoléon n'avait jamais gouverné, ni comme premier consul, ni comme empereur.

3°. Le prince Eugène devait avoir une principauté en Italie. Ceci était un des articles du traité de Fontaine-

---

(1) Il est difficile de croire qu'un traité signé à la face de toute l'Europe, accepté et ratifié par un prince loyal, et qui ne promit jamais en vain, ait été violé dans tout son contenu. Si la politique des souverains a voulu que certains articles ne reçussent pas sur-le-champ leur exécution, il est certain que sans les événemens du 20 mars, qui ont rompu ce traité, et tout remis en question, excepté les droits de S. M. Louis XVIII, prince légitime, il aurait été littéralement exécuté. (*Note de l'éditeur.*)

bleau ; le congrès ne jugea pas à propos de remplir cette condition.

4°. L'impératrice Marie-Louise et son fils devaient avoir le duché de Parme, Plaisance et Guastalla ; l'un et l'autre en furent dépouillés par une décision prise à Vienne.

5°. L'armée devait conserver toutes les donations qui lui avaient été assignées sur le Mont-Napoléon, et cependant elles furent toutes supprimées.

6°. L'île d'Elbe ne produisait rien et avait besoin de troupes pour la défendre. La cour de France devait payer deux millons à Napoléon pour son entretien et celui de l'île : cet article fut violé, et plusieurs voyageurs anglais déclarèrent à l'île d'Elbe, que s'étant trouvés à plusieurs dîners, et entr'autres chez le duc de Fleury, ils avaient entendu dire *qu'on n'avait jamais eu l'intention de payer et qu'on ne paierait pas.* Les journaux dirent publiquement la même chose, et *effectivement*, jamais il n'y eut de paiement de fait.

7°. Des pensions avaient été assignées aux frères de Napoléon et à sa mère ; elles ne furent jamais payées.

8°. Il avait été assigné 100,000 francs de rente sur le grand livre de France pour être payés à telles personnes que Napoléon jugerait à propos ; cette désignation fut conformément faite, mais on refusa l'inscription au grand livre.

9°. Les propriétés patrimoniales de Napoléon devaient lui être conservées, et particulièrement les sommes provenues de l'économie établie dans la liste civile. Nonobstant ce, toutes les sommes provenues de ces économies, qui montaient à une somme considérable et qui se trouvaient dans les mains du trétorier Labouillerie, furent, contrairement à l'esprit de ce traité, arrêtées, ainsi que les propriétés acquises par Napoléon en son nom propre.

Finalement, les propriétés privées de la famille de Napoléon devaient être respectées; cependant, contrairement au traité, elles furent séquestrées par le nouveau gouvernement.

« Voilà bien, dit Las Cases, dix violations manifestes du traité fait par les alliés, auxquelles on ne peut opposer aucun argument. Mais, continua-t-il, les droits des nations, ont-ils bien été respectés par le congrès de Vienne, et les principales puissances n'ont-elles pas bien plutôt agi dans leurs intérêts et leurs convenances que pour le bonheur de l'Europe?

J'ai entendu Napoléon, à bord du *Northumberland*, causer plusieurs fois avec le capitaine de la marine, sur le siége d'Acre, auquel cet officier assista. Il semblait en parler avec ce plaisir que l'on éprouve ordinairement en racontant des événemens passés, surtout de ceux dans lesquels on a éprouvé plus ou moins de danger.

Je lui ai entendu raconter un trait remarqable de dévouement envers lui, par deux de ses gardes, pendant ce siége mémorable. Etant à la tranchée, Napoléon tomba dans un trou qu'avait fait une bombe tombée à ses pieds; deux de ses gardes, nommés je crois Daumesnil et Charbonel, coururent à lui, l'embrassèrent l'un par le haut du corps et l'autre par le bas, et demeurèrent dans cette position jusqu'à ce que la bombe eût éclaté : plusieurs éclats tombèrent à ses pieds, sans néanmoins le blesser ni les deux braves compagnons qui s'étaient conduits si héroïquement.

La non-réussite de l'attaque est principalement attribuée à la prise par l'escadre anglaise de quatre chébecks chargés de 12 pièces de 24, quelques mortiers et des munitions, au moment qu'ils entraient dans le port de Caïfa, sous Carmel.

Plusieurs erreurs se sont glissées dans la troisième lettre de M. Warden. Il est dit que Napoléon, par politique, professait le mahométisme en Egypte, ce qu'il nie avoir jamais fait; il affirme que Menou fut le seul officier de quelque distinction qui embrassa cette religion. J'ai lu dans la campagne d'Egypte, deux chapitres très intéressans : un relatif à la religion catholique et au mahométisme, rempli d'idées singulières; et l'autre relatif au *fetham*, publié par les grands cheiks de Semil-Azar, concernant le serment d'obéissance, et dans lequel sont rapportés les moyens par lesquels il obtint ce *fetham* des prêtres de la grande mosquée du Caire; de ces deux chapitres il résulte que Napoléon soutint comme principes, qu'en toutes matières au-dessus de la compréhension humaine, chacun doit demeurer dans la religion de ses ancêtres, dans le sein de laquelle il est né. J'en ai pris les extraits suivans relatifs à la délibération de soixante docteurs de la Mosquée, au Caire, de Semil-Azar.

Le coran ordonne d'exterminer les infidèles, ou de les soumettre à un tribut; il n'admet ni la soumission, ni l'obéissance à un pouvoir infidèle, ce qui est contraire à notre sainte religion : « Rendez » à César, ce qui appartient à César » dit Jésus-Christ. Et ailleurs « *Mon royaume n'est pas de ce monde; obéissez au pouvoir.* »

Dans les 10e, 11e et 12e siècles, les chrétiens gouvernèrent la Syrie, mais la religion était la cause de guerres continuelles. C'était une guerre d'extermination. L'Europe y envoya des milliers d'hommes qui y périrent. Si un tel esprit eût animé les Egyptiens, il n'eût pas été possible à 25 ou 30,000 Français, qu'aucun fanatisme n'animait, mais qui, au contraire, étaient très-dégoûtés du pays, de soutenir une semblable lutte. Quoique maître du Caire et d'Alexandrie, et victorieux des Mamelouks, aux Pyramides, encore la question de conquête ne fut elle pas décidée, qu'après qu'il se fût concilié les imans, les muphtis, les ulemas et tous les prêtres de la religion mahométane. L'armée française, depuis la révolution, ne professait, ni ne pratiquait aucune religion, même en Italie; jamais l'armée n'allait à l'église. On prit avantage de cette circonstance; l'on représenta l'armée française, aux Musulmans, comme une armée de cathécumènes, disposés à embrasser le mahométisme.

Les sectes chrétiennes, les Cophtes, les Grecs, les Syriens, les Latins, qui étaient très-nombreux, ne manquèrent pas de profiter de la présence des

Français pour s'affranchir des différentes restrictions que l'on avait apportées à leur culte. Napoléon cependant s'y opposa, et prit la résolution de maintenir les matières de religion sur le pied où elles se trouvaient. Chaque jour, au lever du soleil, les soixante cheicks de la grande mosquée de Semil-Azar (espèce de Sorbonne) se rendaient à son lever. Il leur faisait servir le sorbet et le café, et les comblait de marques d'estime et de considération. Par la suite, il causa fréquemment avec eux sur les différentes circonstances de la vie de leur prophète, et sur divers chapitres du Coran. A son retour de la bataille de Salahieh, il leur proposa de publier un *fetham* qui serait lu dans toutes les mosquées de l'Egypte, et dans lequel les grands cheicks ordonneraient au peuple de lui (à Napoléon, qu'ils appellaient le sultan Kibir) prêter serment d'obéissance. Ils pâlirent à cette proposition, et devinrent très-embarrassés. Après quelque hésitation, le cheick Sap-Kao, respectable vieillard, dit à Napoléon : « Pourquoi ne vous faites-vous pas musulman, et ne faites-vous pas faire de même à votre armée ; alors 100,000 homme accourraient sous vos étendards, et disciplinés à votre manière, vous auriez bientôt rétabli le royaume d'Arabie et soumis l'Orient ? » A quoi Napoléon objecta la circoncision à laquelle il ne pourrait soumettre son armée, et ensuite la défense de boire du vin, que renfermait le Coran, alléguant qu'étant un peuple du Nord, une telle boisson était indispensablement nécessaire aux Français.

Après différentes discussions à ce sujet, il fut décidé que les grands cheicks de Semil-Azar se consulteraient, et aviseraient à trouver moyen de mettre de côté les deux obstacles susmentionnés.

Les disputes sur la question furent grandes, et durèrent pendant trois semaines; mais la nouvelle qui se répandit dans toute l'Egypte, que les grands cheicks étaient occupés à concerter les mesures de rendre l'armée musulmane, remplit de joie les habitans, et les Français virent de suite une grande amélioration dans l'esprit public, et ne furent plus regardés comme des infidèles. Lorsque les ulemas furent d'accord, quatre muphtis apportèrent le *fetham* dans lequel il était déclaré que la circoncision n'étant qu'une *perfection*, n'était pas indispensablement nécessaire pour être musulman; qu'également, les musulmans pouvaient boire du vin, et être encore musulmans; mais que dans ce dernier cas, il n'y avait pas d'espoir de gagner le paradis dans l'autre monde. La moitié de la grande difficulté se trouvait ainsi levée; mais il ne fut pas facile de persuader aux muphtis que la dernière partie de leur décision n'était pas raisonnable. A cet égard, il y eut encore une discussion de six semaines; finalement, ils publièrent un *fetham* qui déclarait qu'il était possible d'être musulman, et de boire du vin, pourvu que pour chaque bouteille de vin bue l'on fît une bonne action.

On convint alors qu'il fallait quelque temps pour préparer tout ce qui était nécessaire pour ce grand événement ; conformément à cette décision, le plan d'une mosquée plus grande que celle de Semil-Azar fut arrêté : Napoléon déclara qu'elle serait bâtie pour servir de monument de commémoration de la conversion de l'armée française. Ceci réussit tellement à gagner leur confiance, que les cheicks donnèrent le *fetham* d'obéissance; que le sultan Kibir fut déclaré *ami du prophète*, et *spécialement* protégé par lui, et l'on répéta généralement qu'avant l'expiration d'une année, toute l'armée prendrait le turban. Ceci, dit-on, fut la ligne de conduite que Napoléon suivit invariablement, conciliant ainsi le désir qu'il avait de demeurer dans la religion dans laquelle il était né, avec les besoins de sa politique et de son ambition. Pendant le séjour de l'armée française en Egypte, le général Menou fut le seul qui se fit musulman; ce qui, dit-on, fut très-utile et produisit un bon effet sur l'esprit des habitans; cependant, quand l'armée française quitta l'Egypte, 5 ou 600 hommes y demeurèrent, embrassèrent le mahométisme et s'enrôlèrent parmi les Mameloucks.

Je finirai cette lettre par quelques détails relatifs à Ferdinand VII : « Ferdinand fut placé à Valençay dans le château du prince de Bénévent, un des plus beaux de France, situé au milieu d'une vaste forêt. Son frère et son oncle étaient avec lui ; ils n'avaient point de gardien et pouvaient recevoir qui bon leur semblait, et tous leurs officiers et domestiques étaient avec eux. Ils allaient souvent à des distances de trois et 4 lieues, soit en chassant, ou en voitures, sans qu'on les observât. Indépendamment de 3000 liv. sterling payées chaque année à Talleyrand par le trésor de France pour location du château, il était alloué à Ferdinand 60,000 l. sterling (environ 1,500,000) annuellement pour son entretien. Toutes ces stipulations furent faites dans un traité commun et signé.

Le prince écrivait régulièrement tous les mois à Napoléon et en recevait réponse. Au 15 août (fête de l'Empereur), il illumina Valençay et distribua des aumônes. Il demanda plusieurs fois à Napoléon la permission de visiter Paris, qui fut remise de jour en jour. Il sollicita aussi *vivement* Napoléon de l'adopter pour fils, et de le marier à une française. Pendant tout le temps qu'il fut à Valençay, on ne lui donna pas le moindre sujet de plainte. Il y avait l'usage d'une superbe bibliothèque, ce qui lui acquit beaucoup d'instruction. Il avait ses aumôniers et ses *confessors*; il recevait de fréquentes visites de seigneurs des environs et des négocians de Paris: les derniers surtout étaient très-assidus à lui apporter tout ce qu'il y avait de nouveau. Pendant assez long-temps, il y eut un théâtre auquel il attacha quelques comédiens; mais vers la fin, ses *confessors* lui firent naître des scrupules, et il renvoya sa troupe. Le roi Charles IV son père, et la reine sa mère, habitèrent long-temps Compiègne, d'où ils allèrent à Marseille et ensuite à Rome, où ils logèrent dans le palais du prince de Borghèse. Il leur était alloué une somme de 120,000 l. sterling. Marie-Louise, reine d'Etrurie, sœur de Ferdinand, fut celle qui prit la part la plus vive à la révolution d'Espagne.

Elle était du parti de sa mère contre son frère, et montra la plus grande activité. Elle demeura long-temps à Nice. Elle n'était pas pourvue de beaucoup de beauté, ni de talens et de connaissances; mais elle possédait une certaine activité d'esprit. L'on assure que, lorsque Napoléon fut informé qu'elle se proposait de quitter la France, il lui fit dire qu'il serait très-charmé d'apprendre qu'elle s'était retirée soit en Angleterre soit en Sicile, ou dans tout autre pays d'Europe. En effet, il ne la croyait d'aucune importance, et son départ aurait épargné annuellement 10 à 12,000 l. sterling qu'elle coûtait au gouvernement.

Il est certain que Ferdinand témoigna constamment la plus grande aversion pour les Cortès, et la plus grande répugnance envers les Anglais, malgré tous les sacrifices qu'ils faisaient en sa faveur; et qu'il déclara souvent préférer de rester à Valençay, à régner en Espagne avec les Cortès. Il est certain aussi qu'il ne cacha jamais son intention de rétablir toutes choses sur le pied où elles se trouvaient avant la révolution, et nommément l'*Inquisition*. Napoléon dit que les Espagnols regretteront long-temps que la constitution de Bayonne n'ait pas triomphé ; que si cela avait été, ils n'auraient plus eu de moines, ni de juridiction ecclésiastique séculière, ni d'archevêques jouissant de millions de rente, ni de banalité même sur les hôtelleries, ni de barrières intérieures, ni de domaines nationaux incultes et mal administrés ; qu'ils auraient eu un clergé séculier heureux, et des nobles sans priviléges féodaux ou exemptions de contributions ; qu'ils eussent été un peuple régénéré ; que le changement qu'ils auraient éprouvé leur aurait été plus profitable que la découverte d'un autre Pérou. Au lieu de ceci, dit-il, qu'ont-ils gagné ? une troupe de moines grossièrement ignorans, très superstitieux et très-riches ; des nobles s'emparant de tout ; une nation opprimée par l'inquisition et les droits féodaux. Mais si la constitution de Bayonne eût triomphé, le peuple éclairé et ayant secoué le joug du préjugé, aurait eu moins d'antipathie pour les Anglais ; au lieu que l'inquisition, les moines et la superstition rendent de jour en jour cette antipathie plus forte ; de sorte que les Anglais au lieu de triompher eux-mêmes, ont seulement augmenté le triomphe de ceux qui seront éternellement leurs ennemis en Espagne.

Dans une conversation que j'eus avec Bertrand, relativement à l'émancipation des colonies espagnoles, je compris que Napoléon croyait que l'émancipation de ces colonies serait du plus grand avantage pour la Grande-Bretagne, par les raisons suivantes : parce qu'aussi long-temps que la politique principale de l'Espagne se dirigera vers la conservationet l'administration des ses colonies d'Amérique, elle considérera toute puissance qui aura l'empire des mers, comme son ennemie naturelle, et s'unira à la France pour contrebalancer la prépondérance maritime de l'Angleterre; mais l'Amérique une fois émancipée, la politique de l'Espagne devient purement continentale, et conséquemment devient rivale de la France, étant la seule puissance en contact ou en opposition avec elle sur le continent.

Je vous ai dit que Napoléon aurait supprimé l'inquisition en Espagne. J'ai lu un chapitre sur ce tribunal diabolique dans les campagnes d'Italie, qui traite des négociations qui eurent lieu à Valantino, en 1797, lorsque Napoléon travaillait à obtenir du pape Pie VI, la suppression de l'inquisition dans toute l'Europe.

Dans ce chapitre, je vis trois lettres originales et très-curieuses, du pontife à Napoléon, dans lesquelles « il le traite de *son très-cher fils*, et emploie avec chaleur toutes sortes de figures de rhétorique, pour lui persuader *d'abandonner cette fatale résolution* qui le déshonorerait et le livrerait, dans son âge avancé, en proie aux remords; qu'il céderait plutôt une *province* que de souffrir que l'inquisition ne fût pas maintenue en l'état dans lequel elle avait toujours existé; qu'elle n'avait jamais été ce que

les ennemis du St.-Siége prétendaient, etc., etc., etc. »
Après avoir long-temps insisté, Napoléon céda enfin aux ardentes prières de ce vieillard; il effaça cet article; le traité qu'il lui imposa était déjà suffisamment rigoureux.

Dans le courant d'une conversation que j'eus l'honneur d'avoir à Napoléon, j'ai cru découvrir que ses opinions religieuses étaient fort tolérantes. Il pense que *la foi* est hors de l'atteinte de la loi; que c'est la propriété la plus intime de l'homme, et qu'il n'a pas le droit d'en rendre compte à aucun *mortel*, si elle n'a rien de contraire à l'ordre social.

J'ai saisi l'occasion de parler à quelques-uns de ses officiers du fameux *Sanhédrin* des Juifs, qui, il y a quelques années, occupait l'attention de toute l'Europe: ils n'avaient aucune idée du but; ils dirent seulement que, si quelqu'un avait connaissance de ce qui s'était fait alors, cette personne était le comte Molé; mais qu'ils doutaient même qu'il sût autre chose que ce que Napoléon désirait savoir dans la première assemblée du *Sanhédrin*: que sa méthode constante avait été d'attirer premièrement l'attention publique sur un certain objet; mais que ses intentions sur cet objet n'étaient connues qu'au dernier moment, et même quelquefois, plusieurs années seulement après la première discussion.

J'ai l'honneur, etc.

QUATRIÈME LETTRE.

Cap de Bonne-Espérance, le 5 mai 1817.

Ma Chère,

Dans les 4e et 5e lettres, le docteur se borne exclusivement à des sujets de médecine; mon intention n'est pas de l'imiter. Mais je reprends la plume avec plaisir, pour vous donner quelques renseignemens sur Joséphine, de qui M. Warden a fait avec justice l'éloge. Je vous ferai part de quelques particularités inconnues jusqu'ici et qui ne me paraissent pas sans intérêt.

Le divorce de Joséphine est le seul de cette nature qu'on puisse trouver dans l'histoire, eu égard à ce qu'il ne produisit pas la moindre altération aux sentimens qu'avaient précédemment l'une pour l'autre les deux familles. On le représente comme un sacrifice (auquel participèrent tant l'époux que l'épouse) fait aux intérêts et à la politique de l'empire.

Le mariage était considéré, en France, comme un sacrement religieux; et pour le dissoudre, il fallait la double intervention de l'autorité civile et de l'église. L'autorité civile compétente pour dissoudre le mariage de la famille régnante, se trouvait, conformément à la constitution de l'empire, résider dans le sénat, Dans une assemblée de famille, les deux parties donnèrent unanimement leur consentement à la dissolution du mariage. Bertrand, qui était présent, dit que cette assemblée, tenue dans les grands appartemens des Tuileries, présentait une scène mouvante très-intéressante, et arracha des larmes aux spectateurs.

Le consentement ayant été vérifié par l'archichancelier, la dissolution du mariage fut prononcée par le sénat. Joséphine quitta les Tuileries et partit pour Malmaison, où tout le superbe ameublement approprié à l'usage de Napoléon dans ce petit, mais délicieux séjour champêtre, lui fut laissé. Elle eut aussi la terre de Navarre, et un douaire de 3 millions de francs, dont elle employa la plus grande partie à l'encouragement des arts et des sciences et à soulager les malheureux. Malmaison est à trois lieues de Paris et à une de St.-Cloud. Elle devint la résidence constante de Joséphine, et pendant les cinq années, elle ne reçut que trois ou quatre visites de son ci-devant époux, quoique la cour continuât à lui faire régulièrement visite. Les princes de la maison d'Autriche allèrent la voir plusieurs fois quand les alliés furent à Paris. L'on assure que le divorce n'altéra aucunement les sentimens soit d'Eugène, fils de Joséphine, soit d'Hortense, soit de leur beau-père envers eux. Eugène, vice-roi d'Italie, avait été adopté par Napoléon pour lui succéder au trône d'Italie, à défaut d'héritiers de son sang. On le regardait comme prince du sang italien, et il lui avait été assigné plus d'un million de livres sterling sur les fonds d'Italie. Il épousa, en 1806, la fille du roi de Bavière, que l'on regardait comme la plus belle et la plus aimable personne de toutes les maisons régnantes. Stéphanie Beauharnais, nièce de Joséphine, épousa le grand-duc de Bade, beau-frère de l'empereur de Russie, du roi de Bavière et de l'ex-roi de Suède. Elle eut plusieurs enfans et règne actuellement à Carlsruhe. Il est singulier que la mère de cette princesse ait été extrêmement liée avec une dame anglaise, nommée lady Maccarty, à qui elle confia sa fille en mourant, et qui, en conséquence de sa tutelle, dirigea de Londres son éducation. Sa tutelle et son intervention vinrent à cesser en 1806, lorsque l'enfant, âgé de 7 ans, fut présenté à Napoléon par sa femme. Il prit alors à lui la tutelle de Stéphanie et se chargea de son éducation. Elle lui fut toujours fort reconnaissante, et conserva pour lui l'affection d'une fille; on la dit jolie, spirituelle, et douée de toutes les qualités requises pour la rendre l'ornement de son sexe: elle est très aimée à Manheim et dans le duché de Bade. Une autre nièce de Joséphine épousa le duc d'Aremberg, la première famille de la Belgique, et qui y possède de grandes propriétés. Il paraît que ce mariage n'a pas été aussi heureux que le précédent, par la faute de la princesse elle-même. Le prince d'Aremberg commandait un régiment et se distingua beaucoup dans la guerre de la péninsule, où il fut fait prisonnier par nos troupes, et ensuite il demeura long-temps en Angleterre. L'on rapporte que Napoléon attachait beaucoup d'importance à ce mariage, et qu'il avait l'intention de faire résider le prince avec la princesse à Bruxelles, en qualité de gouverneur-général des Pays-Bas, et de donner, en établissant une petite cour à Bruxelles, une preuve de l'intérêt qu'il prenait à la Belgique; à cet effet, dit-on, il acheta lui-même le château de Lacken au prince de Saxe-Teschen (1), et le fit meubler magnifiquement.

Un neveu de Joséphine épousa une princesse de la Layen, nièce du prince Primat, une des maisons les plus illustres de l'Allemagne; et l'on m'a assuré qu'une autre nièce de Joséphine a été demandée en mariage par Ferdinand VII, en 1807, pour être reine d'Espagne, ce qui aurait eu lieu si, malheureusement pour Napoléon, il n'eût pris à Bayonne, une autre ligne de politique (suggérée par Talleyrand), et qui doit assurément être considérée comme l'origine de sa perte. Mais je m'aperçois que je me suis trop écarté de mon but primitif, qui était de vous rapporter tout ce que j'ai entendu relativement à ce fameux divorce. Le contrat civil ayant été (comme je vous l'ai déjà dit) rompu par la décision du sénat, il restait encore le contrat religieux ou le sacrement. La cour épiscopale de Paris s'étant instruite des coutumes en usage d'après les rites de la religion catholique, en prononça la dissolution. La cour de Rome éleva à cette époque quelque prétention d'être informée de ce qui se faisait; mais les évêques de France déclarèrent que cela était contraire à leurs privilèges et à l'église gallicane, et qu'un souverain aux yeux de Dieu, n'é-

(1) Le château de Lacken n'appartenait plus au prince de Saxe-Teschen; il avait été acquis et vendu par une société particulière de Bruxelles.

tait pas plus qu'un autre homme, et devait être soumis à la même juridiction. Cette question fut décidée de même par la cour archi-épiscopale d'Autriche à Vienne, comme préliminaire à la célébration du second mariage avec l'archiduchesse Marie-Louise d'Autriche : la cour de Rome fut obligée de reconnaître la validité de la dissolution du premier; néanmoins cela donna lieu à quelques incidens dont je vous ferai part ultérieurement.

Le divorce du chef de l'état français, fit beaucoup de bruit en Europe; ce trône, alors le premier en Europe, était l'objet de l'ambition de presque toutes les maisons régnantes. Trois princesses se présentaient naturellement, une de la maison de Russie, une d'Autriche et une de Saxe.

Je tiens d'une autorité irrécusable, que les premiers engagemens étaient faits avec une princesse russe, que des propositions avaient été faites par l'empereur Alexandre lui-même, à Erfurth, et que tous ceux qui avaient été impliqués dans la révolution française, qui étaient alors autour du trône, craignaient une autrichienne, et préféraient une princesse russe, ou saxone; tels semblaient être aussi l'inclination et les désirs particuliers de Napoléon; mais la princesse russe était extrêmement jeune, et il y eut par rapport à la religion, des difficultés qui occasionèrent des retards dans les négociations; et enfin, l'Autriche sut en profiter : aussitôt qu'on apprit à Vienne, que le trône français était vacant, l'empereur d'Autriche fit appeler le comte de Narbonne, qui se trouvait à Vienne (il était gouverneur de Trieste) et qu'on savait jouir de la confiance particulière de Napoléon. Sa Majesté Impériale condescendit à causer avec lui familièrement, sur les nouvelles qui occupaient l'attention de tout le monde; et lorsqu'il se retira, le comte de Metternich, grand-chambellan de l'Empereur et plusieurs autres seigneurs, lui parlèrent du désir qu'avait la maison d'Autriche, de donner l'archiduchesse Marie-Louise, qui, étant de la même religion, et âgée de 19 ans, semblait plus propre à remplir les vues de la France. Les politiques autrichiens espéraient alors pouvoir connaître par là les projets du gouvernement français. Si l'on ne fait pas choix d'une des princesses des maisons régnantes, il sera évident, se disaient-ils, que l'intention de la France est de les renverser.

Immédiatement après, le comte de Narbonne dépêcha un courrier extraordinaire à Paris, avec le détail de tout ce qui s'était passé, et le prince de Schwartzenberg, ambassadeur à Paris, reçut des instructions de sa cour relativement à cette affaire. A cette époque, le roi de Bavière était à Paris, et déclara ouvertement son désir qu'on préférât l'alliance avec la maison d'Autriche; il communiqua ce désir à son beau-fils, le prince Eugène, qui, dans le premier conseil tenu à ce sujet ,insista fortement sur la nécesité de cette alliance avec la maison d'Autriche, comme devant avoir vraisemblablement plus d'influence qu'aucune autre sur l'esprit des Italiens, des Belges et des Allemands. Il y en avait à cette époque, qui désiraient que Napoléon épousât une française, et l'on dit que les raisons qu'ils alléguèrent furent si puissantes qu'elles l'emportèrent *pour un moment*.

Quoi qu'il en puisse être, tous les politiques de France conviennent que, eu égard à l'état de grandeur et de prospérité où se trouvait la France, l'objet le plus important était d'avoir de suite un héritier ; et l'on m'a assuré qu'un conseil extraordinaire fut tenu, dans lequel, après de longues discussions, et où les princesses russe, autrichienne, saxonne et même une française, avaient chacune leurs partisans, trois quarts des voix se déclarèrent en faveur de la princesse autrichienne ; qu'à deux heures du matin, le prince Eugène fut chargé de voir le prince de Schwartzenberg ; que le ministre des affaires étrangères fut autorisé à signer avec cet ambassadeur, un contrat de mariage avec l'archiduchesse d'Autriche, en prenant pour modèle celui de Louis XVI avec Marie-Antoinette ; et qu'ainsi cette négociation fut commencée et terminée en un jour. Ce sont là quelques particularités que je crois inconnues, et que j'ai été à même de recueillir touchant cette grande alliance.

Relativement à ce que j'avais entendu dire avant : « que ce mariage avait été décidé à Vienne, lorsqu'on avait conclu le traité de paix ; » l'on m'a assuré que j'étais dans une grande erreur; et que Napoléon était d'un caractère tel, qu'il aurait rejeté toute idée de faire de son alliance, une des conditions de la paix.

Il paraît qu'il est fort attaché à Marie-Louise, et qu'il avait en elle la plus grande confiance; on la représente comme une jeune princesse, belle femme, irréprochable dans sa conduite; d'un caractère modeste et religieux.

A son voyage à Paris, Napoléon alla jusqu'à Compiègne pour la recevoir. Le mariage civil fut célébré à St.-Cloud, et le religieux dans la grande salle du Musée Napoléon. Après avoir assisté au mariage civil à St.-Cloud, cinq ou six cardinaux déclarèrent qu'ils ne pouvaient assister au mariage religieux par respect pour le Saint-Siége, qui doit intervenir dans le mariage des souverains; néanmoins les évêques français et la majorité des cardinaux rejetèrent avec indignation leur excuse, et même l'on dit que le pape blâma ces cardinaux, qui furent exilés de Paris, et qu'on appela les cardinaux stupides. Le concours de toutes les beautés de l'Europe (à l'exception de nos jolies compatriotes), par la réunion de la reine de Naples et sa cour, la reine de Westphalie et sa cour, la vice-reine d'Italie et sa cour, et toutes les dames de la cour de France, parmi lesquelles se trouvaient les principales dames de la Belgique, de la Hollande, du Piémont, de la Toscane et de Rome, embellissait cette cérémonie faite devant tous les évêques de France, et presque tous les cardinaux. Il n'y a pas, dans l'histoire moderne, d'exemple d'une pareille réunion. L'empereur d'Autriche y fut représenté par son frère, le grand-duc de Wurtzbourg, ci-devant grand-duc de Toscane.

Vous ne devez pas être étonnée de la connaissance parfaite que j'ai de toutes ces particularités, que nos exilés ont pris plaisir à nous raconter, pour servir de consolation et d'adoucissement à la triste position dans laquelle ils se trouvaient.

La cour de Paris et la ville donnèrent des fêtes splendides; le prince de Schwartzenberg, l'ambassadeur en donna une en l'honneur de son maître. A cet effet, il fit construire une espèce de salle dans le jardin de son hôtel; au milieu de la fête les rideaux prirent feu, et en un moment, toute la salle fut en flammes. Napoléon prit sa femme par le bras et se retira avec le prince de Schwartzenberg à une petite distance. Marie-Louise retourna ensuite à St.-Cloud, et Napoléon demeura dans le jardin jusqu'au matin. La salle fut entièrement consumée, et la princesse de Schwartzenberg, madame d'Aremberg, épouse du frère de l'ambassadeur, qui s'était déjà sauvée de la salle, mais qni, inquiéte du sort d'un de ses enfans, était de nouveau rentrée, fut, en cherchant ensuite à sortir par une petite porte qui conduisait dans l'intérieur de l'hôtel, suffoquée et presque entièrement consumée par les flammes. Il y eut une grande inquiétude sur son sort et beaucoup de démarches de faites pendant la nuit; finalement l'on retrouva le matin ses restes infortunés. Le prince de Kourakin, ambassadeur de Russie, fut grièvement brûlé, et environ vingt dames et hommes furent victimes de ce triste événement.

Tous ceux qui avaient été témoins, en 1771, des fêtes données à l'occasion de l'alliance des maisons d'Autriche et de France entre Louis XVI et Marie-Antoinette, se rappelèrent la catastrophe qui eut lieu aux Champs-Elysées à la fête que donna la ville de Paris; environ 2000 personnes furent écrasées et foulées aux pieds dans les fossés où elles périrent. Elles eurent dans cette occasion un triste pressentiment de la révolution qui, en grande partie, eut lieu par l'insurrection de la ville de Paris, jeta dans la poussière le trône de Louis, et le fit périr sur un échafaud.

Le changement dans la politique de l'Autriche à Dresde, fut sans doute la cause principale des malheurs et de la catastrophe subséquente de Napoléon, et ce fut à la fête donnée par l'ambassadeur de cette même puissance que ce désastreux et fatal présage eut lieu. Quoiqu'on dise que Napoléon n'est pas superstitieux, il en fut cependant grandement frappé; l'orsqu'il poursuivait l'armée autrichienne, le matin avant la bataille de Dresde, il apprit que le prince de Schwartzenberg, avait été tué, et dit, « que c'était un brave homme; il y a cependant quelque chose de consolant dans sa mort, ajouta-t-il, car c'était lui que voulait désigner le fatal présage qui eut lieu à son bal au jour du mariage: nous en sommes assurés. » Deux heures après, il apprit qu'on s'était trompé, que c'était Moreau qui avait été tué et non Schwartzenberg.

Ces impressions, dit-on, s'effacèrent dans la suite par son voyage en Belgique, et quelques mois après, par la naissance de son fils, qui vint au monde le 20 mars 1811. L'on devait tirer 101 coup de canon si l'Impératrice accouchait d'un garçon, et seulement 25 si c'était une fille. On dit que l'attention de tous fut occupée à compter le nombre de coups de canon, et qu'au 26e coup, il y eut un cri de joie général; que tout Paris, par un mouvement spontané, se rendit au Carrousel et aux Tuileries.

Tous les souverains de l'Europe, le nôtre excepté, envoyèrent à cette occasion des ambassadeurs extraordinaires pour complimenter la cour de France. L'Empereur de Russie envoya le prince Kourakin, son ministre de l'intérieur; l'Empereur d'Autriche, le prince de Clary, avec tous les ordres de son empire, enrichis de diamans du plus grand prix, pour le jeune prince. Quelques mois après, les souverains de France firent un voyage à Cherbourg, pour y voir les travaux célèbres qu'on faisait dans ce port, et après en Hollande, où leur entrée fut très-brillante.

J'ai souvent entendu parler par l'habitant de Longwood de la princesse Charlotte d'Angleterre, sœur aînée du prince-régent, reine de Wurtemberg, et toujours de la manière la plus avantageuse. On la représenté là, douée de beaucoup de douceur et de bonté, et comme méritant les plus grands éloges, pour avoir supporté avec une patience angélique l'humeur de son mari.

En 1805, en marchant sur Ulm, Napoléon entra à Stuttgardt à la tête de sa grande armée ; la cour était occupée à célébrer le mariage du prince Paul fils du roi, avec une princesse de Saxe. Toute la maison de Wurtemberg était réunie. La reine, comme princesse anglaise, éprouva d'abord un certain embarras dont Napoléon s'aperçut, et qu'il dissipa aussitôt, en cherchant à lui plaire et se montrant assidu à lui faire la cour, ce qui changea son premier embarras causé par la prevention, en communicationsd'une nature agréable. Souvent depuis lors, Napoléon s'arrêta pendant quelque temps à Stuttgardt, et manifesta toujours les mêmes sentimens et la même attention envers la princesse d'Angleterre. Ce fut elle qui fit le mariage de la princesee Catherine, fille de la première femme du roi de Wurtemberg, avec Jérôme, depuis roi de Westphalie. Ce mariage lia la famille de Napoléon avec celle de Brunswick, et forma une nouvelle allianceavec celle de Russie. La princesse Catherine a plusieurs enfans, et on la dit très-attachée à son mari, « *Ainsi que vous le voyez*, dit Mme Bertrand, *la famille est alliée à toutes les maisons régnantes de l'Europe, même à celle de Prusse, puisque quelque temps après, une nièce de Murat épousa un prince de Hohenzollern.* »

On dit que le jeune Napoléon, qui, dès son âge le plus tendre, excita l'attention de tant de nations, actuellement âgé de six ans, est un enfant particulièrement favorisé de la nature, tant au physique, qu'au moral. Petit-fils de l'empereur d'Autriche, arrière petit-fils de Ferdinand, roi de Naples, appartenant conséquemment aux maisons de Lorraine et de Bourbon, il lui est peut-être réservé de grandes destinées.

On ne peut songer sans surprise que l'enfant de Napoléon est arrière petit-fils de Caroline, reine de Naples, la mortelle ennemie de tout ce qui est français. Cependant plusieurs personnes assurent qu'en dernier lieu, quand Caroline alla à Vienne, elle prit un plaisir particulier à caresser le jeune Napoléon, et à consoler et à donner des conseils à sa petite-fille Marie-Louise.

Récapitulant avec Mme Bertrand les alliances que la famille de Napoléon avait formées avec les souverains de l'Europe, elle dit qu'il y avait actuellement de vivans, premièrement, le jeune Napoléon, un fils et trois filles du prince Eugène et de la princesse de Bavière, un fils et une fille de la princesse de Bade et du grand-duc, deux fils de Jérôme et de la maison de Wurtemberg, et plusieurs du prince de Hohenzollern.

J'ai l'honneur d'être, etc.

CINQUIEME LETTRE.

Cap de Bonne-Espérance, le 8 mai 1817

MA CHÈRE,

REGARDEZ-nous comme étant arrivés à St.-Hélène, et n'ayant aussi plus autant d'occasions de voir Napoléon. Néamoins, pendant les mois d'octobre et novembre, je vis presque journellement les exilés français. On crut d'abord qu'ils seraient placés à *Plantation-Housse*, maison de campagne très-agréable, bâtie par la compagnie, pour le gouverneur, et que l'on peut comparer à une maison de la 2e classe en Angleterre. Elle a un beau jardin, des eaux et de l'ombrage (ce qui dans un climat des tropiques est indispensablement nécessaire non-seulement au maintien de la santé, mais même à l'existence), et les plus belles plantes aromatiques de l'Inde fleurissent près des plus grands chênes. Indépendamment de cette demeure, le gouvernement avait une très-belle maison en ville, qu'il aurait pu occuper, et cet arrangement n'aurait causé que peu de dépense à l'état. Longwood se trouvait occupé par le lieutenant-gouverneur, colonel Skelton, Mme Skelton et sa famille, dont le déménagement prit plusieurs jours. Longwood était dans son origine une vieille grange fort mal bâtie, appartenant à la compagnie; sir Georges Cockburn, avec cette activité qui le distingue si éminemment, employa les marins à porter du bois et d'autres matériaux, et son charpentier à construire quelques nouveaux appartemens (presqu'entièrement de bois) et rendit habitables ceux qui étaient faits. Ceci occasiona naturellement de grandes dépenses dans un lieu tel que St.-Hélène ; et ceux qui connaissaient l'île prédirent que Napoléon serait fort mal à Longwood, vu qu'il n'y avait ni eau, ni ombrage, ni arbres, si ce n'est d'une très-chétive espèce, et aussi parce qu'il y règne presque toujours un vent très-violent qui dessèche la terre, et qui brûle la végétation à un tel point que l'on ne pourrait jamais espérer de pouvoir faire un potager. Pendant qu'on préparait cette demeure, Napoléon demeura aux *Briars* (Ronces), dans un petit pavillon composé d'une chambre de 15 à 17 pieds de long dans laquelle se trouvait son lit de camp, et où il écrivait, mangeait et couchait. Près de cette chambre se trouvait une petite antichambre et au-dessus de celle-ci, dans un grenier, logeait Las Cases et son fils. Bertrand, sa femme et ses enfans, le général Montholon, madame et son enfant, ainsi que le général Gourgaud furent logés dans une pension à Jamestown, d'où ils rendaient visite tour-à-tour, à leur ancien Prince. Les *Briars* sont éloignés d'environ un mille et demi de la ville, et la dernière partie du chemin est une agréable promenade. Environ à 50 pas du pavillon est la demeure du propriétaire, un négociant nommé Balcombe; sur le derrière se trouve un jardin bien cultivé, et toute la petite habitation peut contenir environ 100 acres. M. Balcombe est un anglais établi depuis plusieurs années dans l'île, et dont la famille se compose de sa femme et de ses deux filles, une âgée d'environ 14 ans, et l'autre de 16, arrivées depuis quelques mois d'Angleterre. Elles avaient été placées dans une maison d'éducation, où elles ont appris à parler passablement le français. Ce sont là les jeunes demoiselles dont on a rapporté tant d'histoires merveilleuses et tant de mensonges pour surprendre le public, et sur le compte desquelles on a fabriqué tant d'anecdotes. Je suis allé plusieurs fois aux *Briars*, et j'ai eu occasion de remarquer que Napoléon y avait la même manière de vivre qu'à bord. Il sortait rarement de son appartement avant quatre heures; il allait au jardin, ou se promenait pendant une ou deux heures sur la pelouse devant la maison : là se rendaient souvent, avec leur mère, les deux jeunes demoiselles dont j'ai parlé; elles se promenaient avec lui. Après avoir cau é un peu avec elles, il rentrait pour dîner. Fréquemment après le dîner, il rendait visite au propriétaire, et faisait une partie de whist. Pendant les deux mois qu'il fut aux *Briars*, il ne s'absenta qu'une fois pour faire visite au major Hudson, qui, avec sa famille, habitait une petite maison au pied de la montagne des *Briars* : cette maison et son petit jardin, avaient un aspect très-agréable. Dans cette excursion, il demeurait environ une heure à converser avec le major Hudson, sa femme et ses charmans enfans.

Pendant l'intervalle qu'il passa aux *Briars*, je ne crois pas qu'il ait eu plus d'une entrevue avec l'amiral. Il paraît probable qu'il se trouva surpris d'être si mal logé; et, selon toute apparence, il apprit des habitans qu'il aurait pu l'être mieux par tout ailleurs; cependant il ne lui échappa pas le moindre signe de mécontentement. A bord du *Northumberland*, vos exilés n'eurent pas la moindre difficulté avec l'amiral; mais ils n'eurent pas plutôt mis pied à terre, qu'un changement eu lieu, causé peut-être par le chagrin d'être envoyé dans un lieu aussi misérable que St.-Hélène, et pour ainsi dire dépourvu de tout.

On dit que l'amiral qui donna plusieurs bals, auxquels assistèrent les Français, envoya par l'entremise de Bertrand une carte d'invitation à Napoléon, pour venir au premier, et qu'il n'y eut pas de réponse, attendu que la carte était adressée au général Bonaparte. Dans ce temps, on se disait à l'oreille, et je crois que l'amiral n'en fut jamais instruit, que Napoléon dit à Bertrand : « *Envoyez cette carte au général Bonaparte; les dernières nouvelles que j'en ai sont du champ de bataille des Pyramides et du mont Tabor.* » A ces bals, la mise des dames françaises fut très-remarquable et attira l'attention.

Vers le milieu de décembre, Longwood ayant éprouvé toutes les améliorations dont il est susceptible, le transfert eut lieu, ce qui parut faire plaisir aux Français, éprouvant probablement quelque satisfaction à se retrouver réunis; quinze jours après, j'allai les voir, et les trouvai encore très-mal sous le rapport de la convenance. Bertrand et sa femme logeaient à un mille de Longwood, dans une petite chaumière, composée de deux petites chambres et leurs greniers, sans jardin ni ombrage : (à la vérité c'était la seule à trouver dans le voisinage, et elle fut louée à leur demande). Des ouvriers étaient constamment employés à Longwood à leur bâtir une maison à 50 verges du bâtiment principal. Las Cases et Gourgaud habitaient de petites cabanes construites en bois et couvertes, suivant l'usage de l'île, avec du papier goudroné. Napoléon avait, je crois, quatre chambres : un bain chaud fut aussi construit pour son usage, ce qui était un luxe inconnu dans cette île. Longwood, quoiqu'étant une des situations les plus désagréables de l'île, a néanmoins l'avantage d'être placé dans une plaine unie de 4 à 5 milles de circonférence.

Le climat de St.-Hélène est le plus extraordinaire du monde : il est en même tems et moins froid et moins chaud que par-tout ailleurs. A Longwood, le feu est supportable pendant six mois de l'année : peu de jours se passent sans pluie, et l'habitation est souvent enveloppée d'un brouillard, tandis qu'en même temps, à une distance de deux ou trois milles, vous vous trouvez dans les régions brûlantes de la zone torride : l'humidité du lieu occasionne des dissenteries qui font souvent des ravages. Les habitans en général sont pauvres, mal nourris et peu instruits.

La viande salée fait la partie principale de leur nourriture, et leur isolement du reste du monde les rend ignorans sur-tout, excepté le commerce maritime de la Chine et de l'Inde, objets de grande importance pour eux. Leur premier soin a été d'augmenter, par une spéculation qui se présentait naturellement, le prix de leurs volailles, végétaux et autres objets qu'ils savaient être indispensables aux vaisseaux, et de doubler et tripler ainsi leur première valeur, au moment de l'arrivée des flottes dans le port : sans cela l'île ne serait rien. C'est un lieu de relâche pour les vaisseaux de la compagnie, et il se passe rarement une semaine, sans que quelques vaisseaux venant de l'Inde et destinés pour l'Europe n'y touchent pour faire de l'eau, et rarement y en a-t-il un de l'Europe destiné pour l'île. Elle reçoit ses nouvelles du Cap, ou au moyen de deux vaisseaux envoyés chaque année d'Angleterre par la compagnie pour approvisionner la petite colonie.

Malgré toutes les incommodités de Longwood, Napoléon y était cependant mieux qu'aux *Briars;* car en sortant de son appartement, il pouvait faire une course en voiture d'un mille ou plus, autour d'un petit bois d'arbres à gomme, ou monter à cheval et descendre des montagnes jusqu'au bas des précipices, et faire un circuit d'environ 4 à 5 milles, en longeant une vallée appelée par les Français la *vallée du silence*, dans laquelle on remarqua une jeune femme de 16 à 17 ans, que par plaisanterie ils appelèrent *la nymphe de la vallée*. Lorsque

Napoléon passa près de sa petite habitation, cette jeune femme le salua, et celui-ci sans descendre de cheval, lui adressa pendant quelques minutes, quelques mots indifférens en anglais. Voilà ce qui a donné lieu à l'histoire de M. Warden sur Mlle Robinson, où il dit que Napoléon dînait avec ses officiers et les dames à huit heures ou huit heures et demie. Le colonel Skelton et son épouse, anciens habitans de Longwood, allaient souvent le voir et dîner avec lui, et il semblait se plaire beaucoup dans la société de Mme de Skelton, qui a été élevée en France et parlait fort bien le français. Les officiers du 53e régiment allaient aussi le voir à Longwood, et ils furent extrêmement satisfaits de la réception qui leur fit.

Il avait une garde à Longwood, et à la porte, on avait établi un poste d'environ 30 hommes. Personne ne pouvait entrer sans la permission de l'amiral, du gouverneur, de sir George Beingham, ou du général Bertrand, si les personnes qui désiraient entrer étaient invitées par les Français. Relativement aux étrangers on suivait la même méthode; ils devaient s'adresser au comte Bertrand, qui leur faisait connaître l'heure et le jour que son maître les recevrait, ce qui était ordinairement deux ou trois jours après qu'ils en avaient fait la demande. Sa permission suffisait pour les admettre, et pendant le temps qu'ils étaient dans l'île, ils pouvaient au moyen de cette permission, présenter leurs hommages à Longwood. Les choses avaient été si bien arrangées par l'amiral, qui avait une connaissance antérieure de tous ceux qui délivraient les *permis*, qu'il ne pouvait y avoir aucun inconvénient; ces dispositions se conciliaient fort bien et toutes les parties étaient satisfaites. L'on plaça des piquets dans différentes directions sur les montagnes environnantes, de manière que les Français pouvaient se promener l'espace de cinq ou six milles au milieu des gardes, sans être accompagnés. Si cependant ils désiraient aller au-delà de ces limites, il était nécessaire qu'ils fussent escortés d'un officier anglais, de la même manière que quand ils allaient à la ville. Peu d'entre eux, si ce n'est Mme Bertrand, Montholon et Gourgaud, firent usage de cette permission d'aller à la ville de cette manière. Quant à Napoléon lui-même, on lui a entendu dire que jamais de son propre mouvement et de sa libre volonté, il ne ferait rien (quand il pourrait s'en passer) qui pourrait établir une reconnaissance de sa part, *d'un droit* quelconque qu'aurait sur lui le gouvernement. Les autres qui désiraient qu'on leur donnât l'usage de toute l'île, la ville et les côtes de la mer exceptées, alléguaient qu'il était facile de garder une si petite île, en plaçant 14 à 15 piquets de 18 à 20 hommes chaque, à une distance suffisante pour pouvoir se réunir et communiquer en peu de minutes sur les bords de la mer qui sont déjà bien gardés par les croisières.

A l'arrivée des nouvelles d'Europe, de décembre, janvier et février, l'on apprit à Napoléon la catastrophe de Murat. Il observa seulement que les Calabrois étaient plus humains que les ministres anglais ; *quand on veut se défaire d'un homme,* disait-il : *une balle est le moyen le plus humain et le plus efficace d'y parvenir.* Cette réponse fut promptement répandue, et fit une très-grande sensation. Il fut fort surpris du jugement de Ney, et dit qu'il ne concevait pas comment les alliés laissaient ainsi violer si ouvertement la capitulation de Paris. Il observa que les jurisconsultes de Paris avaient en général montré peu de talent et de courage en faveur de leurs clients; que Cambrone était celui qui avait montré le plus d'honneur dans sa défense. Il dit aussi qu'il était difficile de concevoir comment Fouché, duc d'Otrante, qui était ministre de la police sous Napoléon, avait pu signer l'acte de proscription; comment on avait pu y placer les noms de Bertrand, Cambrone et Drouot, qui n'avaient jamais servi les Bourbons, qui avaient quitté la France à leur arrivée, qui n'avaient jamais arboré leur couleur, et qui n'avaient cessé d'être sous les ordres de Napoléon.

Napoléon observa « que ces hommes, dont le caractère et la fidélité méritaient les plus grands éloges, furent jugés par des généraux qui avaient prêté serment au roi, qui avaient reçu de sa main la croix de St.-Louis, qui avaient porté la cocarde blanche, qui lui avaient juré obéissance, et qui, peu de jours après, avaient arboré de nouveau la cocarde tricolore, avaient foulé la blanche sous leurs pieds, avaient jeté avec dédain la croix de St.-Louis, et fait la guerre à Louis XVIII. Il observa aussi, en lisant leurs jugemens, que l'on avait appliqué aux prisonniers des lois établies par la *république et la quatrième dynastie, contre les Bourbons*, et pour le maintien de cette *république* et de la *dynastie impériale*. Est-il possible, disait-il, de concevoir un tel état de choses? C'est en vertu d'une loi faite contre les Bourbons, par un gouvernement usurpateur, pendant que le gouvernement *légitime* résidait à Mittau et à Londres, que ce gouvernement *légitime* fait exécuter des individus! Comment pouvez-vous concilier la dix-neuvième année du règne de Louis XVIII avec la proclamation des lois faites par une république rébelle et un gouvernement usurpateur? Ceux alors, continua-t-il, qui défendaient la nation contre l'Europe combinée, sont condamnés, et les sujets fidèles sont ceux qui ont combattu contre leur pays; comme le *général Bourmont*, qui arbora le drapeau tricolore avec Ney le 17 mars, et qui vint ensuite à Paris me prêter le serment de fidélité, qui fut employé dans son rang de général de division, qui, pendant trois mois, fut chef d'état-major à Metz, sous les ordres du général Gérard, et qui, le 14, deux jours avant la bataille de Waterloo, déserta avec deux officiers de son corps, et passa à l'ennemi. Ce Bourmont, qui témoigna contre Ney, celui-là est le Français, celui-là est l'homme qui a combattu pour sa patrie! Jamais jusqu'ici, poursuivit-il, la raison humaine fut-elle traitée avec plus de mépris? Louis XVIII est l'allié des puissances coalisées, et signe avec elles un traité contre la France. Cependant un traité de paix est conclu avec lui (1). C'est la première fois qu'il a été conclu un traité de paix avec un allié. Par ce traité, ces alliés lui ont imposé une contribution de sept cent millions!!! Toutes les proclamations et toutes les promesses faites de ne pas vouloir imposer un gouvernement à la France, et de ne faire la guerre qu'à moi seul, furent mises de côté aussitôt qu'on fut entré à Paris, et que l'armée fut dissoute. »

On me cita ensuite une des condamnations comme ayant été mise à exécution en vertu d'une loi faite sous Robespierre, peu de jours après le jugement de la convention qui condamnait Louis XVI à mourir sur l'échafaud. Je dois avouer que je fus stupéfait de voir ainsi tous les principes confondus, et que je ne pu répondre aux assertions qui me furent données ensuite, et qui dérivaient toutes de cette contradiction d'un gouvernement légitime qui ne se sert, pour sanctionner ses actes, de lois émises par des gouvernemens contre l'existence desquels il ne cesse de protester. J'ai l'honneur, etc.

---

(1) Il est de la mauvaise fois la plus insigne d'attribuer à sa majesté Louis XVIII le traité de Gand. Les puissances coalisées, voulant démembrer la France, imposèrent des conditions d'une dureté révoltante. Après avoir longuement disputé pour ménager les intérêts du peuple français, Louis XVIII fut contraint de souscrire aux volontés de ses soi-disant amis. Les rois conjurés osèrent exiger une contribution d'un milliard, qu'ils réduisirent à sept cent millions, et à occuper nos places fortes pendant l'espace de trois années. Louis XVIII céda; mais ces transactions se firent une à une. Son ame magnanime s'élevait trop contre tout ce qui pouvait nuire à la France. Nous aurons sans doute notre jour de représailles. (*Note de l'éditeur.*)

SIXIÈME LETTRE.

Cap de Bonne-Espérance, le 5 mai 1817.

Ma Chère,

Je vais actuellement commencer la discussion de la partie la plus intéressante de l'ouvrage de M. Warden. Dans sa septième lettre, le docteur fait adresser une longue harangue par Napoléon, relativement à la conspiration de 1804, aux suicides de Pichegru et du capitaine Wright, à l'exécution du duc d'Enghien, et aux evénemens de Jaffa, pendant la campagne de 1799. Il est à regretter que notre compatriote n'ait pas suivi l'exemple de Tite-Live et Thucÿdide, qui, lorsqu'ils font parler les héros dont ils donnent l'histoire, prennent grand soin de ne leur prêter que des paroles conformes à leur situation, à leur caractère, et d'arranger ces paroles de manière qu'elles paraissent probables.

L'objet de la conspiration de 1804, conçue à Londres par les émigrés, et dont Georges, Moreau et Pichegru devaient être les exécuteurs à Paris, était, suivant Napoléon, l'assassinat du premier Consul et le rétablissement de la dynastie des Bourbons. Les conspirateurs échouèrent, et la nation française éleva le trône impérial sur lequel elle plaça Napoléon. Pendant tout le temps que je fus en France, je fis beaucoup de recherches sur cette époque intéressante, et leur résultat fut la conviction que nous étions mal informés des événemens qui s'y rattachaient; et depuis mon arrivée a St.-Hélène, j'ai eu occasion d'extraire des notes précieuses d'un manuscrit qui m'a été prêté par Las Cases, contenant l'histoire de 1814, ouvrage du plus grand intérêt et que j'ai eu en ma possession pendant une heure ou deux.

La paix d'Amiens ne dura pas plus de dix-huit mois. En mars 1803, des paroles venant du trône, annoncèrent le commencement d'une nouvelle guerre, et à peine la scène sanglante des batailles était-elle onverte, que le gouvernement français manisfesta l'intention de porter le théâtre de la guerre dans le sein de la vieille Angleterre. En 1803 et 1804, des camps nombreux couvrirent les côtes escarpées de Boulogne, Dunkerque et Ostende; et des escadres formidables s'équipaient à Brest, Rochefort et Toulon. Tous les chantiers des côtes de la mer et des rivières de France, furent couverts de prames, de canonnières, de bâtimens de transports, de petites et grandes péniches, et des millions de bras étaient employés à creuser de petits ports le long du canal pour recevoir la nombreuse flotille destinée à l'attaque.

En Angleterre, la population entière courait aux armes: Pitt lui-même abandonna les occupations paisibles de l'échiquier, prit, l'uniforme, ceignit l'épée, et ne rêva qu'instrumens de guerre, bataillons et batteries. Nous vîmes notre révéré et vénérable monarque quitter ses palais et passer une grande partie du jour au milieu de ses troupes, et des camps aussi nombreux que ceux des Français furent formés dans les provinces de Kent et de Sussex, près de Douvres et de Deale.

Les armées rivales se contemplaient mutuellement en silence, et n'étaient séparées que par l'étroit canal des Dunes qui était couvert de nos vaisseaux.

Le ministère anglais, d'après le manuscrit dont tout ce qui suit est extrait, mit tout en œuvre pour réveiller les puissances continentales; mais la Russie, l'Autriche, la Prusse et l'Espagne étaient ou alliées ou amies de la France, à laquelle en dernier lieu, presque toute l'Europe obéissait. Ses efforts furent également infructueux pour renouveler la guerre dans la Vendée qui auparavant lui avait rendu d'importans services; l'esprit des habitans de l'ouest de la France avait totalement changé. Le *Concordat* conclu avec le Pape, avait attaché les prêtres à Napoléon, et la reconnaissance de la classe pauvre du peuple était excitée par les grands travaux publics auxquels elle se trouvait employée: tels que l'ouverture d'un canal intérieur de navigation entre Brest et la Loire, le canal qui joignait la Vilaine et la Rance, par le moyen duquel les côtiers français pouvaient arriver des côtes de Poitou à celles de Normandie, sans être obligés de doubler les côtes de Bretagne au cap d'Ouessant. Une ville nouvelle s'élevait au milieu de la Vendée et huit grandes routes traversaient le département, ce qui fut très-avantageux à son commerce et à son agriculture; des sommes considérables, en forme de primes d'assurances, furent distribuées aux Vendéens, pour rebâtir celles de leurs maisons qui avaient été brûlées ou détruites par les ordres du comité de salut public.

Il n'y avait donc rien à espérer des puissances continentales, ni des royalistes de la Vendée, tant que Napoléon commanderait; cependant les circonstances étaient telles que le ministère anglais jugea une diversion indispensablement nécessaire.

Le gouvernement anglais avait été fréquemment induit en erreur par les royalistes, qui, trompés par leurs propres illusions, l'avaient souvent engagé dans des expéditions malheureuses. Cependant le gouvernement anglais avait une grande idée du pouvoir et des ressources du parti jacobin. Il se laissait persuader qu'un grand nombre de ces jacobins, mécontens de Bonaparte, étaient disposés à unir leurs efforts à ceux des royalistes; qu'ils seraient également secondés par plusieurs généraux jaloux, à la tête desquels était Moreau; qu'en combinant les efforts de ces partis, opposés de sentiment, il est vrai, mais unis par un intérêt commun, ils réussiraient à former une faction suffisamment puissante pour opérer une diversion efficace. Moreau, mécontent, avait été influencé, depuis son mariage, par sa femme et sa belle-mère, deux créoles ambitieuses et intrigantes, de l'île de France. Il se mit en opposition avec Napoléon, condamna ouvertement le *concordat* et la formation de la Légion-d'Honneur, et se réconcilia avec Pichegru qui avait été son compagnon d'armes aux armées de Hollande et du Rhin. Cependant il avait, en fructidor an 6 (1797), déclaré dans un ordre du jour, Pichegru traître à la république, et avait envoyé au directoire ses papiers, contenant sa correspondance avec l'ennemi, qu'il avait trouvée dans les bagages du général autrichien Kinglin.

Pendant l'intervalle de la paix d'Amiens, quand les communications étaient faciles, une correspondance suivie avait eu lieu entre ces deux généraux; leur réconciliation était parfaite et sincère, et leurs bonnes dispositions pour le parti étaient certaines.

Un agent à Munich et un autre à Stuttgardt demandaient des fonds nécessaires pour seconder un parti avec lequel ils étaient en correspondance, et qui, à ce qu'ils annonçaient, ne tarderait pas à lever l'étendard de la guerre civile en France. L'abbé Rattel avait des correspondances à Abbeville, Amiens et dans l'Artois, et promit tout. Il y avait à Londres deux cent cinquante à trois cents officiers chouans qui entretenaient une correspondance avec la Bretagne et la Normandie. Des pleins pouvoirs et des sommes considérables furent envoyés à l'agent à Munich; le commandement de la croisière de l'Escaut et de la Somme fut donné à Sidney Smith, et un cutter commandé par le capitaine Wright, fut employé à l'exécution des plans de Georges.

Le 23 août 1803, le capitaine Wright transporta

d'Angleterre en France, Georges, Villeneuve, Lahaye et St.-Hilaire (deux acteurs dans la tentative du 3 nivôse) Querelle, Labonté, Picot, Froché, Jean-Marie, tous hommes d'un courage éprouvé et cités pour grand nombre de *coups de mains*, dans la guerre des Chouans. Ils furent débarqués au pied de la falaise de Béville, entre Dieppe et Fréport, près de laquelle se trouvait une petite ferme, dont le propriétaire avait été gagné, et était dévoué au parti: il fit les signaux qui avaient été convenus et concertés antérieurement. Il descendit, une corde du sommet, à l'aide de laquelle les débarqués gravirent les côtés du précipice qui était perpendiculaire et isolé, et qui conséquemment n'avait pas attiré l'attention des gardes-côtes ou des employés de la douane.

Après le débarquement, Georges et ses compagnons passèrent le jour dans la ferme et partirent dans la nuit pour Paris; des gîtes dans lesquels ils passaient la journée, avaient été préparés d'avance sur la route; ils continuèrent leur voyage, la nuit, par des chemins détournés, se donnant pour des fraudeurs. Au moyen de l'argent, ils intéressaient tout le monde à garder leur secret. Arrivés à Paris, ils trouvèrent des retraites cachées qui leur avaient été préparées par l'or auquel rien ne résiste et qui ne fut pas épargné dans cette occasion.

Le 10 décembre, le capitaine Wrigth effectua un second débarquement de Coster et Saint-Victor (impliqué dans l'affaire du 3 nivôse), Lemercier,

Tamerlan, Selaun, hommes du même genre, et Armand de Polignac, noble émigré. Dans le même temps, le général Lajollais, qui avait servi avec Moreau et Pichegru, et dont la femme avait été la maîtresse du dernier, alla et revint plusieurs fois de Londres, comme porteur des dépêches de ces deux généraux, et annonça que Moreau était disposé à tout entreprendre contre le premier Consul; que le moment et les circonstances étaient favorables, et qu'il ne fallait pas perdre de temps. En conséqnence, le 16 janvier 1804, le capitaine Wrigth fit un troisième débarquement à la falaise de Béville, consistant dans les généraux Pichegru et Lajollais, Roussillon; Rochette, Armand, Guillard, vendéens et chouans; Jules de Polignac et Rivière, nobles émigrés; le dernier principal confident du comte d'Artois; environs 50 chouans furent aussi débarqués sur les côtes de Bretagne et de Poitou, et se dirigèrent par différens chemins sur Paris.

L'on peut dire que pendant les mois de septembre, octobre, novembre et décembre 1803, et janvier 1804, Napoléon fut assis sur un volcan. Trois sortes de gens furent débarqués à la falaise de Béville, savoir : des Chouans et des Vendéens, misérables familiarisés aux crimes et aux assasinats; des nobles sous Polignac et Aivical; et finalement, ceux qui avaient plus ou moins été employés sous Pichegru et pendant la révolution.

Il paraît que Polignac et Rivière ne réussirent

pas dans les ouvertures qu'ils firent aux *émigrés amnistiés ;* aucun ne voulut leur accorder d'asile, traitant leur entreprise de folie, et craignant de se compromettre en s'y mêlant.

A cette époque, un individu nommé Leclerc, agent de l'abbé Rattel, fut arrêté à Abbeville, et ses papiers saisis : on y trouva un grand nombre de rapports d'espionnage insignifians, mais aussi on remarqua dans le nombre des relations mystérieuses qui attirèrent l'attention. Il y était fait mention de débarquemens de Chouans qui devaient frapper un grand coup, comme un événement qui devait vraisemblablement avoir lieu. Le célèbre Méhée de Latouche, qui avait été un jacobin furieux, mécontent de Napoléon, qui l'avait exilé à l'île d'Oleron, s'était rendu à Londres, où il avait été reçu par les princes français, avait eu des conférences avec l'évêque d'Arras, et avait été introduit près de quelques ministres ; il fut envoyé de Londres à Harwich où il s'expliqua à l'agent ; de là, il se rendit à Paris, et correspondit pendant quelque temps avec les différens agens à Munich et à Stuttgardt : mais n'ayant au reste aucune confiance dans les émigrés, et haïssant mortellement les Anglais, il résolut de tout dévoiler à la police, de laquelle il reçut l'ordre de continuer sa correspondance accoutumée ; mais cependant, comme on ne se fiait pas beaucoup à lui, un officier de la garnison de Strasbourg, d'une fidélité éprouvée, fut envoyé avec ses lettres et instructions. Ce dernier s'introtroduisit près de Drake (ministre anglais à Munich), et de Windham, et confirma les rapports de Méhée. Par suite de la stricte surveillance de la police de Strasbourg sur le duché de Bade, on y découvrit des mouvemens extraordinaires. Un nommé Mussey, agent du parti, résidait à Offenbourg avec le duc d'Enghien, et était chargé de la correspondance avec les conjurés de l'intérieur, auxquels il fit passer des fonds. Le prince lui-même avait été plusieurs fois à Strasbourg, et allait plusieurs fois par semaine sur les bords du Rhin, sous le prétexte de chasser, et il y tenait des conférences avec différens agens. Une certaine baronne Reich, qui, pendant long-temps, avait été suspecte, parut également être très-occupée, et se donna des mouvemens extraordinaires; finalement la police de Paris avait arrêté depuis le mois de septembre, des Chouans et des brigands qui n'avaient pas été grâciés, qui étaient clandestinement à Paris et qui ne pouvaient justifier d'aucune manière satisfaisante des motifs qui les y avaient amenés et les avaient portés à venir braver un péril aussi éminent.

Picot et Querelle, qui avaient été débarqués à la falaise de Béville, se trouvaient parmi ceux qui furent arrêtés.

L'ensemble de ces circonstances prouvait évidemment qu'il se tramait dans l'ombre un vaste complot.

Vers la fin de janvier, Napoléon lisant une nuit le rapport qui concernait tous ces détails, crut qu'en éprouvant quelques Chouans emprisonnés, l'espoir du pardon pourrait peut-être en engager quelqu'un à faire des aveux ; il ordonna en conséquence, qu'on commençât par juger Querelle, parce qu'il avait été biffé de la liste des Chouans comme chirurgien.

Il fut donc traduit par le grand-juge devant un conseil de guerre, et condamné à mort. Au moment de l'exécution, il demanda la permission de parler, et promit de faire des révélations importantes. Le général Lauriston, qui était alors de service près du premier Consul, n'eut que le temps d'arriver à la prison pour faire suspendre son exécution, où se rendit aussi Réal, conseiller-d'état, auquel Querelle confessa qu'il venait d'Angleterre ; qu'il avait été débarqué le 21 août 1803, et à la falaise de Béville, par un cutter anglais, avec Georges et plusieurs autres ; il fit aussi connaître les lieux de logement où ils avaient passé leurs journées pendant la route de la falaise de Béville à Paris ; et enfin, il apprit qu'au moment même où il parlait, Georges était à Paris, pour assassiner le premier Consul. Plusieurs officiers de police furent envoyés dans différens endroits qu'il avait indiqués, comme ayant été leurs logemens, et réunirent en masse les dépositions des propriétaires et autres qui les avaient vus.

Le résultat de ces recherches fut la découverte des deux autres debarquemens mentionnés ci-dessous, mais sans cependant pouvoir apprendre les noms des individus qui les composaient : on apprit seulement que, dans le troisième débarque-

6.

ment, se trouvait un personnage important pour lequel tous les autres avaient du respect. L'on apprit aussi qu'un nouveau débarquement devait avoir lieu sous peu. Savary se rendit à la falaise de Béville, accompagné d'un détachement de gendarmerie, et occupa toutes les issues; il avait avec lui la personne accoutumée à faire les signaux, afin de tromper les individus composant le débarquement, et de les saisir aussitôt après. Au moyen de ces informations, Bouvet de Lozier, émigré, propriétaire d'une maison à St.-Germain ainsi que d'autres personnes, furent arrêtés. Les accusés furent interrogés et confrontés, tout ce que l'on savait fut confirmé; mais aucun jour nouveau ne vint éclaircir les faits.

Vers le milieu de février, Bouvet de Lozier s'abandonnant au désespoir, se pendit dans sa prison; mais le guichetier ayant entendu du bruit dans sa chambre, arriva à temps pour couper la corde et lui sauver la vie; il alla de suite informer le magistrat chargé de la direction de cette affaire, de ce qui était arrivé; celui-ci, à son arrivée, trouva Bouvet de Lozier entouré de chirurgiens, encore violet et décoloré par suite de sa strangulation, et tenant d'étranges discours: « *Nous avons été trahis*, disait-il avec chagrin; combien de braves gens vont périr parce que ce traître de Moreau nous a trompés. Il disait que l'armée été pour lui; il a fait venir de Londres, Pichegru et tant d'autres individus celèbres; et quand ils sont arrivés, il nous abandonne et nous mourrons ses victimes. » Le grand-juge, informé de ces propos, demanda d'être autorisé à faire arrêter le général Moreau; cependant, avant de le faire, il était essentiel de vérifier le fait de la présence de Pichegru à Paris, ce qui était encore à prouver. Deux heures après, un ex-moine, frère de Pichegru, fut arrêté chez lui, au troisième étage d'une maison de la place Vendôme. C'était un homme d'un caractère très-paisible, et il avoua de suite qu'il avait vu son frère trois fois pendant les dix derniers jours, et qu'il l'avait blâmé de venir ainsi s'exposer à une mort ignominieuse comme un criminel. C'était tout ce dont on avait besoin. Le grand-juge lança sur le champ son mandat d'arrêt contre le général Moreau, conformément à l'article 10 de la constitution, pour avoir conspiré contre la république et le premier Consul, conjointement avec Georges et Pichegru. Il fut arrêté en revenant de sa campagne de Gros-Bois, par un colonel de la gendarmerie, environ à moitié chemin de Paris. Lorsque sa voiture fut arrêtée, et que le colonel lui eût fait connaître ses ordres, Moreau se mit à rire, et le suivit au Temple; quand il y fut arrivé, il demanda à voir son mandat d'arrêt; mais lorsqu'il eût lu les noms de Georges et Pichegru, il pâlit, et parut aussi déconcerté qu'il avait paru gai jusqu'alors.

Le quatrième débarquement qui devait se faire à la falaise de Béville, était sur le point de s'effectuer, lorsqu'une frégate fit des signaux au capitaine Wright, qui, immédiatement après, se mit au larg.

L'on conjectura qu'il avait été alors informé de ce qui était arrivé; l'on crut aussi que, sans cela, un personnage très-important eût été débarqué.

A cette époque, l'on tint beaucoup de propos sur l'injustice du traitement qu'éprouvait Moreau. L'on dit qu'il était une victime de l'ambition et de la jalousie du premier Consul; que Pichegru n'avait jamais quitté Londres; que *l'alibi* serait prouvé; et que par-là, les ennemis de Moreau seraient confondus. La police de Paris faisait en même temps jouer ses ressorts dans toutes les directions; la liste de soixante brigands qui étaient à Paris, pour y renverser le gouvernement, fut imprimée; Pichegru et Georges furent vivement poursuivis, mais pas encore arrêtés; on les suivait même à la piste dans leurs logemens; on connaissait les lieux où Georges avait couché les trois nuits précédentes, et ceux où Pichegru avait couché deux nuits; les officiers de police en avaient suivi la piste, et les tracquaient comme des limiers, de place en place.

Le corps législatif porta, le 9 février, une loi qui prononçait la peine de mort contre quiconque accorderait un asile aux brigands.

Pichegru fut trahi par une personne en qui il avait confiance, et qu'il croyait honnête; son secret fut vendu pour cent mille francs. Le 28 février, à deux heures du matin, des officiers de police entrèrent dans la chambre où il dormait, ouvrirent la porte avec un clé qui leur avait été fournie, et se jetèrent sur une petit table de nuit sur laquelle étaient placés ses pistolets. Pichegru qui était un homme d'une force et d'un courage extraordinaires, quoique surpris, se défendit avec se poings comme un furieux, et de telle manière qu'on fut obligé de le lier, et de le conduire en cet état et en chemise, à la préfecture de police, où, voyant qu'une plus longue résistance était inutile, il se soumit, subit son interrogatoire, et fut conduit en prison.

Jusqu'alors l'opinion publique sur la culpabilité de Moreau avait été suspendue; mais aussitôt qu'il fut certain que Pichegru était arrêté, il fut abandonné de presque tout le monde, et ne fut plus soutenu que par *l'esprit de parti*. Georges, et environ vingt autres complices, n'étaient pas encore saisis: craignant qu'ils s'échappassent, Napoléon eut recours à un expédient sans exemple, je crois, jusqu'alors, et qui prouve à quel degré il était secondé par l'opinion de la capitale: il déclara Paris en état de blocus, et il ne fut permis à personne d'en sortir, si ce n'est de jour et par 15 sorties. Toute la garde et la garnison bivouaquaient autour de la ville, et l'on plaça de 15 pas en 15 pas, autour des murailles de la ville, des sentinelles à pied et à cheval. Personne ne pouvait sortir avant d'avoir été examiné par des hommes qui connaissaient personnellement les brigands dont le signalement avait été affiché par-tout.

Les promenades au bois de Boulogne et autour de Paris furent défendues: le blocus dura six semaines, et entrava entièrement les habitudes et les plaisirs des habitans, qui néanmoins n'élevèrent aucune plainte. Enfin, le 9 mars, on découvrit que Georges devait traverser le Pont-Royal, dans un cabriolet, à quatre heures de l'après-dîner, pour chercher un refuge près du Panthéon; des précautions furent prises par suite de cette information, et deux officiers de police furent placés sur le Pont-Royal. Au temps désigné, Georges traversa rapidement, conduisant lui-même le cabriolet; il fut suivi des personnes apostées à cet effet; arrivé à la place du Panthéon, il s'aperçut que la maison où il allait loger était entourée; il retourna de suite et rencontra les deux officiers qui l'avaient suivi. L'un saisit la bride de son cheval, mais Georges le tua d'un coup de pistolet, ouvrit le cabriolet, sauta dehors et blessa le second; mais la populace l'entoura et le saisit en criant: *C'est Georges, c'est Georges.* Il fut alors conduit à la préfecture de police, et de là, après avoir subi ses premiers interrogatoires, il fut emprisonné : tous ses complices furent ensuite arrêtés successivement, et le blocus de Paris ne fut levé que quand le dernier fut arrêté : pendant ce temps, des hommes parurent fréquemment sur les murailles, apparemment dans l'intention de les franchir, mais ils y renoncèrent à la vue des gardes.

Pichegru subit plusieurs interrogatoires en prison; il nia être venu à Paris avec Georges, même de l'avoir vu; mais lorsqu'il vit que tout était découvert, il mit lui-même fin à son existence le 4 avril. Personne ne plaignit son sort; il fut prouvé et il ne le nia pas lui-même, qu'il avait trahi sa patrie, qu'il était du parti de ces ennemis, et payé par l'Angleterre. Il aurait été comdamné à mort non-seulement pour le complot actuel, mais aussi pour ses trahisons précédentes. Moreau persista à soutenir qu'il était ennemi de Pichegru; il nia l'avoir vu et prétendit même ignorer le lieu où il était: il nia aussi constamment avoir vu Georges.

Le 15 mai, l'accusateur public près du tribunal criminel fit l'acte d'accusation, quoique cependant l'on semblât désirer d'abord que, conformément à la loi martiale, qui les aurait jugés, et dont l'arrêt aurait été exécuté dans les 24 heures, ce à quoi Napoléon ne voulut pas consentir. La cause fut plaidée longuement devant le tribunal criminel de la Seine, et occupa pendant plusieurs jours l'attention de tout Paris: l'on distribua beaucoup de mémoires en faveur des accusés à qui l'on donna la plus grande latitude dans leur défense. Quand il fut entièrement prouvé, en dépit de ses dénégations continuelles, que Moreau avait vu Georges, il devint l'objet dn mépris universel. Georges, Rivière, Bouvet de Lozier, Armand de Polignac, Charles d'Hozier, Charles de Rivière, nobles émigrés, F. Lajollais, précédemment général de la république, Georges Roussillon, Rochette, Ducorps, Picot, M. Roger, Coster, V. Deville, A. Gaillard, V. Joyaut, Burban, Lemercier, Cadoudal, Lelan et Mérille furent condamnés à mort. Jules de Polignac, Léridan, Rolland et Marie-Michel d'Hozier, à deux années d'emprisonnement. Moreau déclaré coupable, mais excusable, fut aussi condamné à deux années d'emprisonnement, et peu de jours après, il partit pour les États-Unis d'Amérique, après avoir vendu tous ses biens. Napoléon acheta sa maison dans la rue d'Anjou, et sa terre de Gros-Bois, qu'il donna, la première à Bernadotte, la seconde à Berthier. Napoléon pardonna à plusieurs des condamnés, savoir: Charles de Rivière, Armand de Polignac, Bouvet de Lozier, d'Hozier, Lajollais, Armand Gaillard, Roussillon et Rochette dont la punition fut commuée en un emprisonnement de quelques années; le reste fut exécuté en place de Grève, à la grande satisfaction du public.

Il résulta de ce procès qui eut lieu à peu près à la face de toute l'Europe, puisque les ambassadeurs et agens étrangers honorèrent constamment le tribunal de leur présence, que Pichegru s'étant réconcilié avec Moreau, vint à Paris; que Moreau eut plusieurs entrevues avec lui, et trois avec Georges et lui.

La première entrevue qui eut lieu entre Moreau Pichegru et Georges, fut la nuit, sur le boulevard de la Madeleine. « Me voila, dit Pichegru; il faut ne pas perdre un instant, et culbuter le premier Consul. » Moreau lui répondit : « Je ne puis rien contre le premier Consul vivant, mais je puis tout contre le premier Consul mort. Tuez le premier Consul, et le Sénat, le peuple et l'armée, d'une commune voix, me nommeront à sa place. Je changerai les commandans des camps de Boulogne, et je nommerai une commission pour vous juger, vous Pichegru. Une fois acquitté, vous serez nommé second Consul. » — « Bien, dit Georges; mais alors je veux être troisième Consul. « — « C'est impossible, reprit Moreau; si l'on savait seulement que je vous ai vu, je serais un homme perdu; j'aurais à peine mon valet-de-chambre pour moi. » — « Ce sont là des contes, s'écria Georges; vous voulez nous trahir. Moreau et Pichegru, vous êtes tous les deux *bleus;* quand vous aurez le pouvoir, vous nous ferez fusiller. Je vous le déclare franchement: *bleu* pour *bleu,* il vaut mieux Bonaparte que tout autre. »

A la fin de la conférence, Moreau promit de voir ses amis et d'essayer ce qu'il pourrait faire; il en sonda plusieurs; mais l'on ne suppose pas qu'il leur confiât tout ce dont il était question), et par là fut convaincu plus que jamais, qu'il était absolument nécessaire pour Georges et les Chouans, de commencer l'affaire au premier moment, en se défaisant du premier Consul. A cet effet plusieurs projets furent adoptés. Six hommes furent chargés de le poignarder à la parade, au moment où il sortirait de la porte du Carroussel et se rendrait au milieu du peuple assemblé pour recevoir ces pétitions; mais la parade n'eut jamais lieu à des jour fixés d'avance, et quelques fois il n'y en avait pas de trois mois. Trente autres individus étaient déguisés en chasseurs de la garde, et devaient attaquer sa voiture entre Nanterre et le pont de Neuilly, quand il irait à la Malmaison, où il se rendait ordinairement de nuit; il devaient charger le piquet qui n'était que de 15 hommes, dont la moitié aurait probablement été tuée par une décharge de pistolets avant qu'ils pussent se défendre, et ensuite le massacrer dans sa voiture avec leurs poignards.

Il est de fait que la majeure partie de ces Chouans n'étaient animés d'aucun sentiment de haine personnelle ou de vengeance envers Napoléon; mais qu'ayant beaucoup d'argent, ils nageaient dans l'intempérance et la débauche de Paris; que la plupart avaient plusieurs maîtresses et dévoilaient chaque jour la partie difficile et dangereuse de leurs opérations.

Pichegru avait commis le crime le plus grand dont un homme puisse se rendre coupable, celui de faire faire à son armée de fausses manœuvres afin qu'elle tombât dans les embuscades et les piéges de l'ennemi, et qu'ainsi ses *propres soldats*, en exécutant ses ordres, périssent victimes de sa bassesse et de sa trahison.

Tel fut le résultat de cette conspiration conçue pour renverser le gouvernement alors existant en France, mais qui eut un effet tout contraire, celui d'accélérer probablement de plusieurs années, l'élévation de Napoléon au trône impérial. Antérieurement, il avait été élu premier magistrat à vie et ce choix avait été approuvé par la nation. Les inconvéniens attachés à un pareil systême de magistrature à vie, furent cependant aisément prévus; après sa mort, des crises dans la nation pour renouveler la magistrature suprême; pendant sa vie des complots, dans l'espoir de bouleverser l'état d'un seul coup, étaient les conséquences naturelles auxquelles on devait s'attendre. Les chefs des administrations, les magistrats, le clergé, le peuple et l'armée demandaient d'une commune voix, une magistrature héréditaire ou une monarchie.

L'Empire, proposé d'abord par le tribunat, fut proclamé par le Sénat et ratifié ensuite par le peuple.

C'était la troisième fois que le choix de la personne de Napoléon était sanctionnée par la voix du peuple; premièrement, comme premier Consul, il eut 3,011,009 votes pour, et 1,362 contre; la deuxième fois, en 1802, lorsqu'il s'agit de le nommer premier Consul à vie, il eut 3,568,835 votes pour, et 8,374 contre; et finalement pour l'Empire, 3,574,898 pour, et 2569 contre.

Napoléon fut sacré et couronné empereur des Français, le 2 décembre 1804, par le chef de la religion catholique, le pape qui, avec un grand nombre de ses cardinaux, avait quitté sa capitale, traversé les Alpes, et était arrivé à Paris pour cet objet. Un an après, en 1805, à l'anniversaire du même jour 2 décembre, il gagna la fameuse bataille d'Austerlitz, sur les Empereurs d'Autriche et de Russie.

Plusieurs fêtes furent données à l'occasion du séjour du pape à Paris; il dînait fréquemment en public avec Napoléon; et une circonstance singulière qui occupa l'attention de tout le monde, arriva dans la soirée du 2 décembre : un ballon, sur lequel on avait tracé en grandes lettres le récit du couronnement, fut lancé, et arriva de Paris à Rome en vingt-quatre heures, apprenant ainsi aux habitans de cette dernière ville, que Napoléon avait été sacré par leur chef.

J'ai l'honneur, etc.

SEPTIÈME LETTRE.

Cap de Bonne-Espérance, le 18 mai 1817.

Ma Chère,

Cette lettre aura pour objet, ainsi que la précédente, de discuter les sujets traités par M. Warden, dans sa septième lettre. Je ne parlerai pas des inexactitudes publiées par le docteur; je me bornerai à rapporter les événemens ainsi qu'ils eurent lieu, et vous pourrez appliquer ici tout ce que j'ai déjà dit, relativement à la source d'où je les tiens, ainsi qu'à leur vérité.

Napoléon entra au service en qualité de lieutenant d'artillerie, dans le régiment de la Fère, en 1785; en 1789, il fut fait capitaine, et lieutenant-colonel en 1793; à cette époque, il commença sa carrière politique au siége de Toulon, étant alors âgé de

24 ans; il fut envoyé à ce siége comme étant un des officiers des anciens corps, de quelque réputation. Ce fut là qu'il déploya pour la première fois ses talens militaires, qui depuis élevèrent si haut la gloire des armées françaises : il y fit prisonnier de sa main le général O'Hara, commandant en chef de nos forces à Toulon. En novembre 1793, ce général fit une sortie avec un corps de 6,000 hommes, afin de se rendre maître d'une batterie française qui jouait sur le fort Malbosquet; il réussit et encloua les canons qu'il y trouva. Dugommier, général en chef des Français, se jeta au milieu de ses troupes, et les rallia, tandis que son bras droit, le commandant de l'artillerie (on l'appelait ainsi généralement) s'efforçait de placer quelques pièces de campagne sur différentes petites hauteurs, afin de protéger la retraite, et de disputer le terrain aux Anglais, en cas que leur général voulût poursuivre ses succès jusqu'à Oullioules, et eût l'intention de se rendre maître du grand parc d'artillerie de siége de l'armée française, qui se trouvait placé un peu en avant de ce village. Après avoir exécuté cette opération, il se porta vers une hauteur opposée à la batterie et occupée par nos troupes; et alors, avec un bataillon de 400 hommes, il gravit le long d'une tranchée couverte de branches d'oliviers qui communiquait à la batterie et qui avait été creusée afin d'y conduire de la poudre et des provisions. De cette manière il arriva sans être découvert au pied de la batterie,

d'où il commença à faire feu de droite et de gauche sur les Anglais et les Napolitains qui l'occupaient, et sans qu'il leur fût possible de savoir d'où il venait. Un colonel anglais, ainsi qu'on le supposait alors, qui était dans la batterie, monta sur un épaulement pour observer de quelle direction venait cette étrange attaque. Un sergent du bataillon qui était dans la tranchée, fit feu sur lui et lui cassa le bras d'une balle. Le colonel qui se trouva être ensuite le général O'Hara, tomba au pied de la batterie, du côté des Français ; les soldats se jetèrent sur lui, et étaient au moment de le massacrer, lorsqu'il fut sauvé par Napoléon, qui le saisit et le préserva dans cette situation critique et si dangereuse. Alors le général anglais lui présenta son épée, et lui déclara son nom et sa qualité. Napoléon usa si efficacement de son influence en sa faveur, qu'il fut traité comme il convenait à un homme de son rang, nonobstant les lois inhumaines qui existaient alors contre les Anglais. Ceci le fit nommer colonel; et après la prise de Toulon, il fut nommé général de brigade. En 1794, il fut nommé général en chef de l'artillerie de l'armée d'Italie, et comme tel, dirigea les opérations qui rendirent les Français maîtres de Suorgio, du col de Tende, et des hauteurs de Savone et de Vado. Arrivé à Paris, il fut employé par le comité de salut public, à diriger le mouvement des armées. Au 13 vendémiaire, la convention lui donna le commandement des troupes, et par les bonnes dispositions qu'il fit, la convention triompha de ses ennemis, quoiqu'il n'eût que 5 ou 600 hommes pour la défendre contre toute la population de Paris. Relativement à cette circonstance intéressante, on m'a dit que l'armée de la convention ne tira à balle et à mitraille, que jusqu'à ce qu'elle fut assurée de la victoire, ce qui fut l'affaire d'un quart-d'heure; et qu'immédiatement après, elle ne tira plus qu'à poudre, et continua ainsi toute la soirée et la nuit, et que c'est à cela qu'on doit attribuer la perte légère des Parisiens, que Napoléon dit, *dans son histoire*, ne s'être élevée qu'à 3 ou 400 hommes tués et blessés. Après cette journée mémorable qui renversa tous les projets des ennemis de la révolution, le général Menou fut traduit devant une commission militaire. Il avait commandé les troupes de la convention dans la soirée qui précéda le 13; il fut accusé d'avoir trahi son devoir, et sa mort paraissait inévitable, lorsque Napoléon eut recours à un plan qui eut le plus heureux succès : il déclara anx officiers composant la commission militaire, que Menou était coupable et méritait la mort; mais qu'il avait au-dessus de lui trois commissaires de la convention qui étaient encore plus coupables que lui, et qu'aussitôt que la convention aurait puni ces trois commissaires, la mort de Menou serait juste. Cela eut l'effet désiré, et *l'esprit de corps* étant mortifié de voir que Menou *seul* était traduit en jugement, il fut unanimement acquitté; et il conserva par la suite une reconnaissance éternelle envers l'auteur de sa délivrance. Dans le courant de mai 1796, l'armée d'Italie se trouva dans l'état le plus déplorable; l'opinion des troupes y appelait Napoléon; elles avaient une grande confiance dans les talens qu'il avait déployés à Toulon, et pendant les deux années qu'il avait dirigé les mouvemens de cette armée en qualité de général d'artillerie. L'évènement justifia leur choix; il surmonta tous les obstacles, soumit le roi de Sardaigne, et se rendit maître de l'Italie. Après la bataille de Lodi et la prise de Milan, et surtout après la bataille de Castiglione et la défaite de Wurmser, sa réputation militaire s'accrut, et il devint l'espoir des amis du républicanisme, comme il avait été la terreur de ses ennemis. Le parti des Bourbons qui, de Londres, du Rhin et de Varsovie, s'efforçait de se créer des partisans, et qui était parvenu à gagner Pichegru, fit également beaucoup d'efforts près de Napoléon, mais tous en vain. J'ai entendu assurer que des agens envoyés de Londres par ce parti, après avoir passé par Paris, peu de mois avant le 18 fructidor, vinrent à Milan pour y renouveler leurs intrigues, et séduire le général vainqueur de l'Italie; qu'ils eurent une conférence avec Pichegru, mais que ce dernier leur dit: « Doucement, doucement, pesez ce que vous allez faire; je connais Bonaparte dès l'âge de 10 ans; vous ne réussirez point auprès de lui. S'il eût été pour les Bourbons, il aurait émigré; mais ayant adopté une autre manière de penser, il n'y a en rien à espérer.»

Par la révolution du 18 brumaire, qui eut lieu à son retour d'Egypte, il devint premier consul.

Le sieur Hyde, le même qui est actuellement, je crois, président de la chambre des députés, et un autre nommé Dandigné, vieil officier vendéen, et chef des royalistes qui étaient à Paris, lui furent présentés à 11 heures de la nuit, dans un petit appartement du Luxembourg. Le but de ces deux agens du comte d'Artois, était de proposer à Napoléon de l'assister de tous les Vendéens et du parti royaliste, s'il voulait entrer en arrangement avec eux; et de son côté, le but de Napoléon était de chercher à les gagner, et de découvrir les différentes ramifications de leur parti. Ni l'un ni l'autre ne réussirent. « J'oublie le passé, dit Napoléon, et j'ouvre un vaste champ à l'avenir. Quiconque marchera droit devant lui sera protégé sans distinction; quiconque s'écartera à droite ou à gauche sera frappé de la foudre.

» Laissez à tous les Vendéens qui veulent se ranger sous le gouvernement national, et se placer sous ma protection, suivre la grande route qui leur est tracée; car un gouvernement protégé par des étrangers ne sera jamais accepté par la nation française. » Hyde fut ensuite impliqué comme complice dans le complot de la machine infernale du 3 nivôse.

Quelques mois après, les Bourbons firent une nouvelle tentative. Le comte de Lille, maintenant Louis XVIII, écrivit de sa propre main une lettre à Napoléon, et la remit à l'abbé de Montesquiou, qui fut membre du gouvernement provisoire de

1814. Cet abbé la donna au consul Lebrun, qui la remit à Napoléon; elle était conçue ainsi :

« Vous tardez bien à me rendre mon trône. Vous perdez une occasion précieuse que vous ne trouverez plus. Sans moi vous ne pourriez jamais rendre la France heureuse; mais sans vous je ne puis conserver sa gloire. Choisissez votre rang, soyez assuré de tout ce que vous désirez pour vos amis; je ratifierai tout ce que vous ferez. (1) »

Le lendemain matin, Napoléon envoya au comte de Lille la réponse suivante, par le même canal :

« J'ai reçu votre lettre et vous remercie des expressions flatteuses qu'elle contient pour moi ; mais ni vous, ni aucun prince de votre famille, ne devrait jamais désirer de rentrer en France, et pour le faire, vous devriez fouler aux pieds les cadavres de 500 mille Français. Je suis sensible aux grands malheurs de votre famille, et je ferai tout ce qui est en mon pouvoir pour assurer votre retraite et votre tranquillité. »

Après ceci, je ne crois pas que les Bourbons aient fait d'autres tentatives près de Napoléon, pour le rendre favorable à leurs vues. On a parlé d'une démarche faite par un agent prussien, près du comte de Lille, pour l'engager à abdiquer ses droits

---

(1) Lorsque Napoléon parvint au pouvoir suprême, il fit offrir à Louis XVIII une principauté en Italie, pour lui et sa famille, en lui demandant la renonciation à ses droits sur la couronne. Louis XVIII, dans une lettre pleine de dignité, tout en reconnaissant les talens de l'homme qui était sur son trône, refusa toute espèce de transaction.

Peut-on croire après cela que ce prince ait été en correspondance avec Napoléon, et ait consenti à tenir de lui son rang et sa puissance. (*Note de l'Editeur.*)

en faveur de Napoléon, ce qui donna lieu à une déclaration des princes de la maison de Bourbon. On m'a assuré que cette démarche n'avait jamais été autorisée par le gouvernement français, et que, loin de là, le gouvernement n'aurait pas reçu leur renonciation, s'ils l'avaient envoyée, comme étant contraire à tous les principes de la souveraineté du peuple, sur lesquels la république était fondée; mais que le cabinet de Berlin, ayant demandé un secours d'argent pour les princes de la maison de Bourbon, qui étaient alors à Varsovie, ou à Memel, on répondit vaguement que la nation française ne regretterait pas un sacrifice pécuniaire, pourvu que les princes de cette maison vécussent tranquilles et s'abstinssent de susciter des désordres dans le pays, désordres qui n'aboutissaient à rien d'essentiel pour leur cause, et qui compromettaient la tranquillité de quelques voyageurs et de quelques propriétaires de domaines nationaux.

Dans notre histoire, Napoléon assure que les émigrés non amnistiés, ayant perdu tout espoir, eurent recours, pour se défaire de lui, à l'assassinat. Dans le manuscrit dont j'ai parlé, je crois que le nombre des tentatives faites par les chouans et les royalistes, est porté à sept, toutes découvertes avant le tems fixé pour leur exécution, hormis celle de la machine infernale dont l'horrible attentat eut lieu dans la soirée du 3 nivôse (24 décembre 1800). On donnait un opéra au Conservatoire (1), et les artistes désiraient

(1) Ce n'était pas un opéra au conservatoire, mais l'ora-

que Napoléon fût présent. Ayant cependant passé une grande partie de la journée au conseil d'état, et se trouvant très-fatigué, il s'endormit à 7 heures, après son dîner, sur un sopha, dans l'appartement de sa femme, qui, peu après, l'éveilla et le pressa de prendre part à quelque récréation. Il montrait beaucoup de répugnance; néanmoins, les généraux Bessières et Lasnes étant entrés au même instant, il consentit et monta dans sa voiture, accompagné de ces deux officiers, et avec son escorte ordinaire de pages (1), d'écuyers, et d'une douzaine de grenadiers à cheval, dont deux allaient avec les écuyers, à vingt pas environ en avant de la voiture. Après avoir passé la porte du Carrousel, afin de prendre la rue de l'Echelle et la rue Saint-Nicaise, il se trouva, au coin de cette dernière, une petite charrette à deux roues, sur laquelle était placé un tonneau, parfaitement ressemblant à ceux en usage dans la capitale, pour arroser les rues. C'était la machine infernale. Quelques chouans qui arrivèrent, à ce que l'on assure, de Londres, et parmi lesquels étaient Imolant, Saint-Régent, Carbon, Coster, Saint-Hilaire, Loyau, Songy, étaient placés auprès, pour faire éclater la machine. Par hasard, Imolan s'étant avancé un peu,

---

torio de la *Création du monde*, musique de Haydn. Le directeur de l'opéra, M. Devisme, l'avait fait monter avec un soin extraordinaire. (*Note de l'Editeur.*)

(1) Napoléon n'avait point de pages : puisqu'il n'était encore que premier consul. (*Note de l'Editeur.*)

afin de rencontrer la voiture et d'être assuré que c'était le premier Consul, reçut un coup de pied d'un des grenadiers qui se trouvaient en avant, et dont la grosse botte le jeta par terre; il se releva, courut à la machine et y mit le feu; mais la voiture avait déjà tourné le coin. Napoléon dit que les premières sensations qu'il éprouva (avant d'avoir entendu le bruit de l'explosion et la chute des toits des maisons), lui ont fait ressentir un mouvement roulant et comme si la voiture eût été emportée par les vagues de la mer; au même instant les glaces en furent totalement fracassées. Le cocher qui était gris, prit heureusement le bruit de l'explosion pour un salut en l'honneur du premier Consul, et fouetta ses chevaux tant qu'il put; de sorte qu'un homme seulement (le dernier de l'escorte), qui n'avait pas encore tourné le coin, fut blessé et jeté à terre. L'épouse de Napoléon, sa sœur Caroline, alors enceinte, suivaient sa voiture, à la distance d'environ cent pas, de manière que l'explosion de cette machine se fit entre les deux voitures. Le général Rapp, qui était dans la dernière voiture, en sauta immédiatement, et tâcha de consoler les dames qui crurent Napoléon tué, jusqu'à ce que, peu de momens après, les grenadiers de l'escorte les eussent assurées du contraire. Aussitôt que la voiture eut passé le théâtre de la république, Napoléon, très-inquiet sur le sort de sa femme, s'arrêta et ordonna au piquet de l'aller chercher; il se rendit ensuite à l'Opéra, et quoique toutes les lorgnettes de la salle fussent aussitôt dirigées sur lui, on dit qu'il n'y eut rien d'extraordinaire dans sa contènance. Les spectateurs furent détrompés quelques instans après, à l'arrivée des dames, dont la pâleur trahissait la consternation, et dont les larmes abondantes démontrèrent pleinement qu'il était arrivé quelque évènement malheureux.

L'explosion de la machine renversa cinq ou six maisons, tua environ douze habitans, et en blessa trente. Le procès de ceux des assassins qu'on put arrêter, eut lieu publiquement dans les formes ordinaires, devant le tribunal criminel de Paris ; les procédures furent imprimées en deux volumes. St.-Régent et Carbon furent exécutés sur la place de Grêve. Imolan réussit à s'échapper, et passa en Amé rique, où depuis, dit-on, il a embrassé la profession monastique. Georges, qui était alors en Bretagne, et des émigrés marquans qui étaient à Londres, furent reconnus les auteurs de cet horrible complot. Il serait trop long, et cela nous éloignerait trop de notre sujet, de vous expliquer comment les véritables auteurs du complot furent découverts, et de quelle manière les royalistes avaient d'abord reçu l'idée de la machine infernale, d'un club de septembriseurs qui avaient été découverts, et avec lesquels les agens du parti communiquaient même en prison. L'indignation que cet attentat excita dans Paris fut extrême. J'ai lu dans le manuscrit, que subséquemment, jusqu'en 1814, cinq autres tentatives pour assassiner Napoléon eurent lieu, et que toutes étaient, dit-on, dirigées par les individus désignés plus haut.

Dans le même manuscrit, la conspiration de Moreau, Pichegru et Georges se trouve rapportée de la manière suivante : Pichegru et Georges furent conduits, par des navires anglais, sur les côtes de France, et secondés, sur les confins de l'Allemagne, par les machinations de Drake à Munich, et de Windham à Stuttgard. On prétend qu'un prince de la maison de Bourbon devait débarquer à la falaise de Béville, aussitôt que l'on aurait reçu la nouvelle de la réussite du complot; et comme l'on craignait que les vents, toujours indépendans et qui ne sont jamais soumis au vain calcul des hommes, ne fussent pas favorables et empêchassent le débarquement projeté, il fut arrêté que le duc d'Enghien, alors en Allemagne, se rendrait à Paris, aussitôt qu'il en serait informé, en qualité de lieutenant général du roi, car on pensait que la présence d'un prince du sang était indispensable. Le duc d'Enghien, jeune prince de la grande bravoure, habitait à quatre lieues des frontières de France. Il fut prouvé qu'il entretenait de là une correspondance avec Strasbourg où ses agens s'étaient montrés; et que plusieurs fois dans la semaine, sous prétexte de chasser, il avait des conférences sur les bords du Rhin avec des agens de l'intérieur; que tous les agens à la solde de l'Angleterre avaient reçu l'ordre de se réunir dans le Brisgau et le duché de Bade; que ce prince avait avec lui, à Offembourg, un personnage nommé *Massey*, agent émigré, qui lui servait d'intermédiaire pour sa correspondance avec Windham et Drake et fournissait l'argent nécessaire pour tous les complots,

Napoléon jugea indispensablement nécessaire de s'assurer de la personne du duc d'Enghien, et en conséquence, un régiment de dragons traversa le Rhin, à Neuf-Brisach, à sept heures du soir, investit dans la nuit la maison du prince, le fit prisonnier et le conduisit à Strasbourg d'où il fut immédiatement transféré à Paris, traduit devant une commission militaire, conformément aux lois, condamné à mort, et sa sentence exécutée et affichée dans tout Paris. Le tribunal ne fut pas choisi arbitrairement, mais formé et composé, d'après la loi, de tous les colonels de la garnison de Paris. Le prince avoua avoir porté les armes contre la république, avoir sollicité et obtenu de nouveau, de l'emploi de l'Angleterre, être informé des évènemens actuels et y avoir pris une part entière. Napoléon dit expressément dans le manuscrit, que si tout autre prince de cette maison eût été pris dans des circonstances semblables, il aurait été jugé et exécuté de la même manière ; que les lois de la France étaient positives contre ceux qui portaient les armes contre leur patrie ; et qu'en outre, le prince était un des chefs de la conspiration qui se tramait.

Ceux même qui voudraient soutenir qu'il ne faisait pas partie de la conspiration, doivent, dans ce cas, convenir qu'il ne faut attribuer sa mort qu'aux circonstances extraordinaires dans lesquelles il s'est trouvé. (Le père de ce jenne prince reprocha souvent à un membre de la famille d'avoir placé son fils dans cette dangereuse position). L'affaire du duc d'Enghien, dit Napoléon, doit être appréciée d'après la loi de la nature et de la politique; d'après la loi de la nature, il soutient qu'il était non-seulement autorisé à le faire juger, mais même à le faire assassiner. « Que peut-il être allégué, dit-il, en faveur de ceux qui furent publiquement convaincus d'être les auteurs de la machine infernale et qui avaient en même temps jeté soixante brigands dans Paris, pour me faire assassiner ? N'étais-je pas autorisé, par la loi de la nature, à faire assassiner ceux-là qui voulaient me faire assassiner ? D'après la loi de la politique, (c'est toujours Napoléon qui parle), la république chancelait sur le bord d'un précipice, et le duc d'Enghien était un des chefs qui conspiraient sa ruine; de plus, il était nécessaire de réprimer l'audace des émigrés qui avaient envoyé à Paris soixante des leurs, parmi lesquels se trouvaient les Rivière, les Polignac, les Bouvets et autres gens qui ne sont pas d'une trempe ordinaire; qui n'étaient ni des brigands, ni des assassins accoutumés aux meurtres et aux vols comme les chouans. Le gouvernement républicain ne pouvait, sans compromettre sa dignité, faire moins, lorsque l'on avait publiquement conspiré l'assassinat de son chef, que de frapper de la foudre ceux qui avaient osé former une telle entreprise. »

Il est dit aussi dans le manuscrit, que dans quelques journaux français qui se publiaient à Londres à cette époque, on trouva plusieurs extraits d'un pamphlet publié sous Cromwel, intitulé : *Tuer n'est pas meurtre;* ce qui prouve que pendant quatre ans Napoléon avait réuni tous les partis qui jusqu'alors avaient divisé la France.

La liste des émigrés avait été fermée : il y eut d'abord plusieurs radiations, ensuite plusieurs noms en furent encore retirés ; et finalement, une amnistie générale fut accordée à tous ceux qui voulaient rentrer dans le sein de leur patrie, et toutes celles de leurs propriétés qui n'avaient pas été vendues leur furent rendues. Il ne resta sur la liste que quelques personnes attachées aux princes, ou déclarées ennemies de la révolution, qui avaient refusé de jouir de l'amnistie. Environ 100,000 émigrés rentrèrent en France de cette manière, et ne furent soumis à d'autres conditions que de prêter serment d'obéissance et de fidélité à la république ; et Napoléon dit que cette amnistie lui procura la plus grande consolation que l'homme puisse avoir, en le mettant à même de rétablir dans leur patrie le reste des descendans de ces héros qui illustrèrent jadis la France. Ceux de ces émigrés qui ne rentrèrent pas en France, obtinrent fréquemment des passeports pour visiter leurs amis et leurs parens.

La religion était rétablie, et les prêtres exilés et déportés furent placés à la tête des diocèses et des paroisses et payés par la république. Mais, continue le narrateur, quoique tous ces réglemens produisissent une grande amélioration dans les affaires publiques, encore ce système, tout à fait indulgent, eut-il un inconvénient inévitable, celui d'enhardir les ennemis de la république, le parti des royalistes; et les espérances des puissances étrangères. Un acte de vigueur était donc nécessaire pour prouver clairement que cette modération n'était pas de la faiblesse, et ôter même la possibilité de songer à revenir sur ce qui était fait.

Quand le duc d'Enghien arriva à Strasbourg, il écrivit à Napoléon, une lettre dans laquelle il lui disait: « Que ses droits à la couronne etaient très-éloignés; que pour un certain temps sa famille avait perdu le droit de les reclamer; et il promit, si on lui pardonnait, de découvrir tout ce qu'il savait des complots des ennemis de la France, et de servir le premier Consul avec fidélité. » Cette lettre ne fut présentée à Napoléon, par T*********, que lorsqu'il était trop tard, lorsque le jeune prince n'était plus. Napoléon dit, dans le manuscrit, *que peut-être, si cette lettre lui eut été remise à temps, les avantages politiques qui auraient résulté de ses déclarations et de ses services, auraient engagé le premier Consul à lui pardonner.*

Il ajoute plus loin, qu'il est absolument faux qu'il lui ait été fait des sollicitations en faveur du duc d'Enghien, soit par Joséphine, soit par toute autre personne quelconque; qu'au contraire, le cabinet entier était d'opinion unanime qu'il était nécessaire d'user d'une juste représaille, et T********* était le plus ardent de tous, car sa maxime constante était qu'il fallait *détruire tous les Bourbons*, pour assurer la tranquillité de la France.

Je me suis donné beaucoup de peine pour vérifier la vérité de l'assertion, qu'une offre avait été faite pour faire assassiner le comte d'Artois et les autres princes de la maison de Bourbon, au sein même de la vieille Angleterre, et que cette proposition avait été faite par une personne qui était bien au fait de notre système de police. Il est facile de croire qu'un gouvernement qui avait autant de millions à sa disposition, pouvait aisément, s'il l'avait voulu, avoir des émissaires pour exécuter un pareil projet, ou au moins aurait pu l'essayer tant de fois, qu'à la fin il eût réussi, ou bien ces tentatives seraient venues à notre connaissance.

Une pareille tentative paraît cependant n'avoir jamais eu lieu, et l'on assure que Napoléon répondit, lorsqu'on lui en fit la proposition : Je n'ai jamais commis de crime, je n'en commettrai point pour me défaire de princes qui n'ont point de consistance, et qui n'ont aucune influence en France. »

Louis XVIII est unanimement exempt, par Napoléon et le reste des exilés, du soupçon d'avoir participé au complot d'assassinat. L'on assure qu'il a toujours été plus modéré, et ne fut ni complice, ni agissant dans aucune de ces tentatives criminelles.

J'ai l'honneur, etc.

HUITIÈME LETTRE.

Cap de Bonne-Espérance, le 26 mai 1817.

Ma chère,

Cette lettre sera une continuation de la précédente; je commencerai par vous rapporter la substance d'une conversation que j'eus avec Bertrand, sur l'élévation de Napoléon.

« Napoléon, dit-il, arriva au sommet des grandeurs humaines par des moyens droits, et sans » avoir commis aucune action privée que la morale » pût désavouer. Sous ce rapport, son élévation est » unique dans l'histoire; car, afin de régner lui-» même, David détruisit la maison de Saül, son » bienfaiteur; César détruisit le gouvernement de » sa patrie; Cromwel fit périr son maître sur un » échafaud; Catherine II, fit assassiner son époux. » Napoléon fut étranger aux crimes de la révolu-» tion; avant que sa carrière politique ne s'ouvrît, » le trône avait été renversé; Louis XVI avait péri, » et la France était déchirée par les factions. Il com-» mença cette carrière par la conquête de l'Italie et » la paix de Campo-Formio. Il fit reconnaître l'indé-» pendance de la France par toutes les puissances » de l'Europe. Quand, en 1800, il arriva au pouvoir » suprême, il détrôna l'anarchie et éleva le trône, » du consentement universel du peuple et de l'ar-» mée. »

Ayant demandé à Bertrand quelques détails sur l'affaire de Jaffa, il me répondit : « Que ne m'en » demandez-vous sur les assassinats de Kléber, de » Desaix, de Hoche, du duc d'Abrantès, du duc » de Montebello et autres, dont il était coupable, » ainsi que de beaucoup d'autres, selon que je l'ai lu » dans plusieurs ouvrages anglais ? » Pendant mon séjour en France, je ne pus moi-même jamais réussir à obtenir d'autre réponse sur ce sujet, d'aucun officier français qui avait servi en Egypte, que : *cela est par trop absurde*. Le comte de Las Cases me prêta néanmoins, pendant une demi-heure, deux chapitres des campagnes de Syrie, dont je ne pus extraire que ce qui suit, faute de tems.

« El-Arish, premier poste que l'on rencontre en Egypte, est un bassin situé dans le désert qui sépare l'Afrique de l'Asie ; l'on y trouve cinq ou six sources qui donnent une quantité d'eau suffisante pour trente mille hommes, et un bois de palmiers qui procure de l'ombre et un abri à une égale quantité d'hommes. Il y a un village assez grand et un fort bâti en pierres. Djezzar-Pacha, nommé par la Porte séraskier d'Egypte, y envoya son avant-garde composée d'environ quatre mille hommes, parmi lesquels quinze cents de cavalerie. Aussitôt que Napoléon en fût informé, il fit partir le général Régnier, pour reprendre un poste aussi important. Le 9 février, le général Régnier attaqua le village d'El-Arish, en chassa l'avant-garde turque, fit trois cents prisonniers, et entoura le fort, dans lequel se trouvèrent enfermés environ deux mille Maugrabins et Arnautes, qui formaient l'infanterie de l'avant-garde, et qui étaient sous les ordres de quatre capitans indépendans les uns des autres. La cavalerie se retira à environ une demi lieue, et prit une position couverte par un chemin creux qui défendait la route de la Syrie; ils demeurèrent sans crainte dans cette position, parce que les Français n'avaient que deux cents hommes de cavalerie légère avec eux. Abdallah, qui commandait l'armée du pacha Djezzar, à Kan-Youses en Syrie, se mit en mouvement avec cinq à six mille hommes, tant infanterie que cavalerie (parmi lesquels étaient les mamelucks du bey Ibrahim), et douze pièces de canon, et prit une position, dans la soirée du 12 février, derrière la cavalerie qui se trouvait devant El-Arish. La position de l'avant-garde française eut été extrêmement critique sans l'arrivée, à la pointe du jour, du général Kléber avec sa division, et de Murat avec trois cents hommes de cavalerie. Kléber entreprit le blocus du fort, et Régnier se plaça avec sa division sur les bords du ravin ou chemin creux, afin de contenir l'armée turque. Il demeura dans cette position les 13 et 14. Dans la nuit du 14 au 15, il quitta son camp, remonta le chemin creux pendant une lieue, et alors le traversa. Sa division était composée de trois régimens d'infanterie, qu'il rangea en ordre de bataille, changeant son front, sa droite en avant, et sa gauche appuyée au chemin creux. Son ordre de bataille était formé de trois colonnes serrées, et assez distantes pour pouvoir se déployer. A deux cents pas en avant de chaque colonne, il plaça les grenadiers et voltigeurs de chaque régiment, formant environ cent cinquante hommes et soixante de cavalerie d'élite. Ainsi formé, il s'approcha de l'armée turque. A environ deux heures du matin, lorsqu'il fut à une petite distance du camp, il fit halte, rectifia ses alignemens, marcha en avant avec les avant-gardes des trois colonnes, et se jeta au milieu du camp, par trois côtés différens, ce qui produisit la plus grande confusion et mit la terreur parmi les Turcs; il marcha de suite à la tente du pacha, qui n'eût que le temps de se sauver à pied, à moitié habillé. Toute l'armée fut dispersée, abandonnant ses tentes, bagages, artillerie, provisions, avec environ cent cinquante tués et plus de douze cents prisonniers, plus de mille chevaux de selle et de trait, et cinq cents chameaux. Les fuyards ne commencèrent à se rallier que lorsqu'ils furent à Kan-Youses. Le lendemain matin, à la pointe du jour, Napoléon qui avait traversé le désert en grande hâte, sur un dromadaire, arriva et somma la garnison d'El-Arish, qui répondit avec beaucoup d'insolence. Une batterie de 4-12 fut dressée, au moyen d'une quantité de pierres qui se trouvait à une portée de pistolet du fort; il fut bientôt fait une brèche praticable, et alors les quatre capitans proposèrent de parlementer; à cet effet, ils se rendirent à la tente du général en chef, où ils demandèrent un armistice de quinze jours, offrant de se rendre, s'ils n'étaient pas secourus dans ce délai. Après deux heures de discussions inutiles, pendant lesquelles ces quatre capitans, qui ressemblaient tout à fait à quatre chefs de voleurs, semblèrent très-résolus et assurés d'être secourus, la conférence fut rompue. Le succès d'un assaut était infaillible, mais il aurait probablement coûté six à sept cents hommes. L'artillerie fut de nouveau dirigée contre le fort, et tira avec tant de vivacité et de précision, que, dans le courant de la matinée, elle jeta sept à huit cents bombes, dont le plus grand nombre éclata dans le fort; et, comme il était très-petit, elles firent un dégât effrayant, le couvrirent de cadavres et d'un ruisseau de sang. La garnison perdit de son ardeur; de nouveaux pourparlers eurent lieu, et les quatre capitans signèrent une capitulation. Le fort fut remis à la pointe du jour; la garnison sortit avec les honneurs de la guerre, déposant ses drapeaux et ses armes, et fit le serment, non pas de ne plus porter les armes contre les Français, mais de se rendre à Bagdad par le désert, et de ne pas mettre le pied en Syrie pendant un an. Trois cents d'entr'eux (Maugrabins) passèrent volontairement dans l'armée française; cinq cents avaient éte tués ou blessés, trois mille deux cents furent escortés par un détachement, pendant deux jours de marche dans le désert, dans la direction de Bagdad.

» On trouva dans le fort, trois pièces de canon, 200 chevaux, plusieurs centaines de chameaux, et une grande quantité de provisions.

» Le 22 février, deux heures avant le jour, Kléber forma l'avant-garde de l'armée, et marcha vers la Syrie avec ordre de s'avancer jusqu'à *Kan-Youses*, quoiqu'il eût douze lieues de France (dix-sept des leurs) à faire; à deux heures après-midi, Napoléon partit avec 100 dromadaires et 100 hommes de cavalerie, pour joindre son avant-garde. Il s'avançait au trot ; mais en passant par Santon de Kanouba, il il remarqua avec étonnement que les fossés dans lesquels les Arabes cachaient leur paille, leur blé et quelquefois leurs racines, n'avaient pas été saccagés par les soldats. Il ne trouva pas de traîneur, ce qui cependant n'était pas extraordinaire, la crainte des Bédouins, empêchant qu'il n'y en eût dans l'armée. Arrivé aux sources de Rapha où se trouvent placées les deux colonnes qui séparent l'Afrique de l'Asie, il fut alarmé de ne pas voir de traces d'eau répandue, l'avant-garde ayant dû passer par-là, environ deux heures avant. Il n'était alors plus éloigné que de deux lieues de Kan-Youses; il continua sa route, et quand il arriva devant ce village, le jour était prêt à finir ; les chasseurs de l'avant-garde tirèrent deux coups, et immédiatement après un très-beau camp appartenant à l'armée turque s'offrit à leurs yeux, et les Turcs coururent de suite aux armes. Qu'étaient donc devenu Kléber et son avant-garde ? Une prompte retraite fut résolue, quoique les chevaux fussent très-fatigués, et les Français arrivèrent aux sources de Zawi à dix heures du soir, ayant été poursuivis par le pacha turc, avec sa cavalerie, pendant une demi-lieue; mais la nuit étant devenue très-obscure, et le pacha craignant une embuscade, il retourna au camp. Pendant quelques heures, le détachement fut en proie à mille réflexions tout-à-fait désespérantes. Cependant, à deux heures du matin, un détachement de *dromadaires*, qui avaient été envoyés dans la direction vers laquelle ils espéraient rencontrer une misérable hutte occupée par des Arabes qui nourrissaient quelques troupeaux de chameaux, revint et amena un de ces Arabes, qui dit qu'une armée française, aussi nombreuse que les étoiles du firmament ou les grains de sable du désert, avait pris la route de Mecca. Guidé par cet Arabe, Napoléon monta son dromadaire, et se mit en marche à la pointe du jour; il rencontra quelques dragons qui parurent harassés de fatigue, et desquels on apprit que Kléber s'était trompé de chemin, et que les soldats surpris de ne pas arriver à Santon de Kanouba, où, d'après ce qu'on leur avait dit, ils auraient trouvé des fossés remplis de racines, commencèrent à soupçonner qu'ils étaient égarés; que Kléber avait fait faire halte; qu'ils n'avaient eu de l'eau que pour faire la soupe, et que dans la nuit, ils s'étaient remis en route pour reprendre le chemin par où ils étaient venus; que par suite du projet primitif, qui avait été que l'avant-garde se servirait des sources de Rapha, et arriverait en un jour à Kan-Youses, ils avaient pris de l'eau pour un jour. Deux heures après, Napoléon rencontra la division. Aussitôt qu'ils l'aperçûrent, les soldats poussèrent des cris de joie. Harassés de fatigue et mourant de soif, leurs esprits étaient totalement abattus, quelques-uns des jeunes soldats avaient même, de désespoir, brisé leurs fusils. L'espérance leur revint à la vue de leur général, qui les réunit et les harangua à-peu-près en ces termes : « Je vous amène plusieurs chameaux chargés d'eau, ils arriveront en moins de » trois heures. Je conviens que vous êtes encore à

» une grande distance ; mais sachez, s'il le faut, » mourir avec honneur et sans murmurer. » En effet, ils n'arrivèrent à Zawi qu'à midi, où ils rencontrèrent l'autre division et les chameaux chargés d'outres remplies d'eau. Napoléon marcha alors en avant avec la division de Lasnes, et arriva le 24 à Kan-Youses, d'où l'armée turque était partie. Les armées ne se rencontrèrent que lorsqu'elles furent près de Gaza. Les Turcs ne soutinrent pas un seul instant le choc ; le fort et la ville de Gaza furent pris, et le quartier-général des Français fut établi à Azote, le 1er. mars, et le 2, à Runslé. Un avant-garde fut dirigée sur Jérusalem, où un million de chrétiens étaient dans les fers et sous le poignard des Turcs. Cependant Napoléon conclut secrètement un armistice avec le pacha, et se trouvant ainsi tranquille sur son flanc droit, il marcha le 4 sur Jaffa qui fut investie, et contre laquelle plusieurs batteries de 12 furent dirigées. Jaffa n'était fortifiée que par une simple muraille; mais elle avait une garnison de 6 à 7000 hommes, dans laquelle se trouvait un corps d'artillerie de Constantinople, instruit par des officiers français. Quand les batteries furent prêtes à jouer, un parlementaire fut envoyé pour sommer la place ; un quart-d'heure après, on vit la tête de ce malheureux portée au haut d'une pique, et son cadavre mutilé fut jeté par dessus les murailles. Ce fut là le signal de l'attaque; en trois heures, une brêche fut faite à l'une des tours, quarante à cinquante grenadiers et une douzaine de sapeurs s'y logèrent, la colonne suivit, et la place fut prise d'assaut : rien ne put arrêter la fureur du soldat, tout ce qu'il rencontra fut tué et la place livrée au pillage. Pendant la nuit, le désordre fut terrible, et l'ordre ne put être rétabli avant le jour. Tout ce qui fut sauvé de cette malheureuse garnison fut envoyé prisonnier en Egypte, à l'exception de 800 hommes qui furent fusillés. C'était le restant des 1200 de la garnison d'El-Arish, qui, après trois jours de marche dans la direction de Bagdad (1), avaient changé de route, violé leur ca-

---

(1) CAPITULATION DEL-ARISH.

Le commandant du fort d'El-Arish et les autres commandans des troupes, au général en chef.

Nous avons reçu la capitulation que vous nous avez adressée ; nous consentons à remettre entre vos mains le fort d'El-Arish ; nous retournerons à Bagdad par le désert. Nous vous transmettons la liste des agens du fort, qui promettent, sous serment, tant pour eux que pour leurs soldats, de ne pas servir dans l'armée de Djezzar, et de ne pas rentrer dans la Syrie pendant un an, à dater d'aujourd'hui. Nous recevrons un passeport et des drapeaux de vous. Nous laisserons dans le fort toutes les munitions qui s'y trouvent. Tous les agas qui se trouvent dans le fort, jurent solennellement par notre Seigneur, Moïse, Abraham, par le prophète (à qui Dieu soit favorable) et par le Koran, d'exécuter fidèlement tous ces articles, et surtout de ne pas servir

pitulation et s'étaient jetés dans Jaffa. La prudence ne permettait pas de les envoyer au Caire ; accoutumés au désert, ils se fussent tous sauvés dans la route et on les aurait encore retrouvés dans Acre. Environ 4000 Turcs périrent à Jaffa, et à peu près 3000 furent sauvés; 1200 furent envoyés prisonniers en Egypte, 1300 soldats et domestiques, natifs d'Egypte, furent mis en liberté comme compatriotes, et 500 furent envoyés porter les nouvelles de la victoire des Français à Damas, Jérusalem, Alep, etc. »

Il serait trop long, outre que je n'eus pas le temps de prendre des notes fort étendues, de vous donner des détails sur la marche des Français de Jaffa à St.-Jean-d'Acre ; sur le siége de cette dernière ville ; sur les batailles qui eurent lieu au mont Tabor, contre les armées de Damas et d'Alep ; il suffira de dire que, le 20 mai, les Français levèrent le siége, et suivant le chemin qui borde la mer, campèrent dans les ruines de Césarée. Le 24, ils arrivèrent à Jaffa, ayant avec eux environ 1000 hommes qui avaient été blessés au siége d'Acre, et qui employaient tous les moyens de transport de l'armée. Ces hommes, avec

---

Djezzar; le Très-Haut et le prophète sont témoins de notre bonne foi.

Signés Ibrahim Neran, commandant du fort d'El-Arish,
El-Ef Hadjy Mohammed, colonel des Maugrabins.
El Ef Hadjy Qadyr, aga des Arnautes.
Mohammed, aga, chef des commissaires.

les malades des hôpitaux de Jaffa, furent envoyés par mer, avec ordre de se rendre à Damiette. En ce moment la peste faisait les plus grands ravages dans les hôpitaux français, et chaque jour il mourait cinq ou six victimes de ce fléau : ceux des malades qui étaient les plus forts partirent les premiers aussitôt que le bateau fut chargé ; le dernier bateau contenait ceux sur le rétablissement desquels il y avait peu d'espoir. Napoléon donna l'ordre du départ à l'armée pour le 27 mai ; et le 26, suivant son habitude, il envoya un de ses aide-de-camp (cet aide-de-camp était Lavalette) visiter les hôpitaux et magasins pour s'assurer que ses ordres avaient été ponctuellement suivis et mis à exécution. L'aide-de-camp lui rapporta que tout avait été évacué à l'exception de sept hommes dont les officiers de santé désesperaient, et qui ne pouvaient être emmenés, parce qu'ils infesteraient de la peste tous ceux qui les approcheraient : que quelques-uns de ces malheureux voyant qu'ils étaient abandonnés ainsi à leur malheureux sort, avaient demandé la mort avec des cris lamentables, en disant que les Turcs à leur arrivée, exerceraient sur eux des cruautés inouies, (en effet, c'était l'usage de ces monstres barbares de *couper les parties*, le nez, et d'arracher les yeux à ceux qui avaient le malheur de tomber entre leurs mains.) Les chirurgiens de service aux hôpitaux avaient demandé à l'aide-de-camp l'autorisation de contenter leur desir en leur donnant de l'opium au dernier moment, car il serait inhumain et horrible d'abandonner ainsi ces malheureux ; et la maxime : *Faites à autrui ce que vous voudriez qu'on vous fît* devait ici être mise en pratique. Mais, Napoléon fit appeler le médecin en chef Desgenettes et le chirurgien en chef Larrey, afin de s'assurer s'il n'y avait aucune possibilité de faire transporter ces infortunés, et recommandant qu'on les mît à cheval et que l'on conduisît les chevaux, offrant à cet effet ses propres selles. Les médecins déclarèrent que cela était impossible, et observèrent que ces hommes n'avaient plus 24 heures à vivre. Ils ajoutèrent que pendant cette consultation sur la possibilité de les transporter, ils avaient délibéré sur la proposition de leur donner de l'opium, mais que Desgenettes avait dit, que sa profession étant de guérir, il ne pouvait autoriser une pareille mesure. D'après cela, Napoléon retarda le départ de l'armée de 24 heures : il n'y avait rien d'urgent, il était maître du pays et Djezzar Pacha n'était pas sorti d'Acre. Une arrière-garde de 300 hommes de cavalerie ne partit de la ville qu'à 4 heures après midi du jour suivant, 24 heures après la visite de l'aide-de-camp aux hôpitaux et seulement après qu'on fût informé que les sept malades étaient tous morts. Cette circonstance, qui a été si mal racontée, est en réalité une preuve de son humanité et de sa sollicitude pour ses troupes, qui, en revanche, l'ont toujours, dit-on, regardé comme leur père. Il faut convenir qu'aucun général ne posséda jamais à un si haut degré l'affection de ses soldats.

Je vous donnerai maintenant l'explication du bruit qui a circulé parmi nous relativement à notre compatriote Wright, quoiqu'on ait déjà beaucoup écrit sur ce sujet, et que je pense qu'il mérite à peine une discussion sérieuse. « Quel intérêt, dit Bertrand, lorsque je lui demandai quelques explications à cet égard, quel intérêt pouvait avoir le monarque d'un grand empire de mettre à mort un malheureux capitaine anglais, qu'il n'avait jamais vu, et sur lequel il ne savait presque rien. Il ne pouvait non plus faire commettre ce crime sans juges, gendarmes et marins qui étaient présens et qui s'y trouvent encore aujourd'hui. Quand, continua-t-il, Wright se suicida, en octobre 1805, Napoléon, à la tête de 150,000 hommes, avait précisément forcé l'armée autrichienne à capituler à Ulm, marchait sur Vienne, et était par conséquent à 300 lieues de Paris. Les prisonniers anglais, ajouta-t-il, détenus à Verdun, furent traités avec beaucoup d'égards, et un officier français qui commandait ce dépôt, s'étant rendu coupable de quelques exactions envers eux, l'empereur fit faire une enquête, et l'accusé fut si effrayé de sa colère, qu'il se suicida. »

J'obtins de la même source une anecdote curieuse sur Kléber : après la bataille d'Héliopolis et la reprise du Caire, dans les mois de mars, avril et mai 1800, Kléber imposa à cette ville une contribution de dix millions de francs. Le cheick Suddah, qui descendait d'un des parens du prophète, personnage très-révéré en Orient, fut taxé à une somme très-considérable, qu'il refusa de payer, Quoique l'on sût parfaitement les mauvaises dispositions de ce cheick envers les Français, Napoléon l'avait toujours ménagé et flatté, et il en avait même été souvent blâmé par plusieurs personnes de l'armée. Il arriva que ce Suddah se rendit coupable de quelques impertinences pour lesquelles Kléber le fit arrêter et conduire à la citadelle, où il fut puni de la bastonnade, suivant la coutume du pays. Cela occasionna une grande rumeur dans la ville, et les *Ulemas* furent très-indignés qu'on employât un pareil traitement. Quelques semaines après, un individu nommé Soliman, natif d'Alep, fut envoyé de Gaza par l'Aga qui était avec le grand-visir, afin de faire *la guerre sacrée* à Kléber. Cet homme s'établit à la mosquée de Semil Azar, et l'on assure que les cheicks étaient prévenus de ses intentions ; mais qu'étant offensés du traitement exercé sur le cheick Suddah, ils ne s'y opposèrent pas.

L'assassin, saisissant le moment où Kléber se promenait dans son jardin à la *place Ellequier*, lui présenta une pétition, et pendant qu'il la lisait, lui plongea un kandjar dans le ventre. Il fut jugé et exécuté ainsi que quatre cheicks ses complices. Avant ceci, plusieurs individus avaient été envoyés, en 1798 et 1799, par Djezzar Pacha, pour faire la *guerre sacrée* à Napoléon; mais comme ce dernier était très-favorisé des cheicks, ils s'y opposèrent et lui sauvèrent ainsi la vie. J'ai entendu rapporter plusieurs anecdotes intéressantes concernant ceci; mais ma lettre est déjà trop longue ; il suffira de vous dire, qu'il dût deux fois la vie au respect qu'il eut pour les usages, les priviléges, les coutumes et la religion du pays.

J'ai l'honneur d'être, etc.

NEUVIEME LETTRE.

Du Cap de Bonne Espérance, le 1er. juin 1817.

MA CHÈRE,

Dans sa 8e. lettre, M. Warden ne s'est fait aucun scrupule de se prévaloir du privilége des voyageurs qui ont doublé le cap. La plus grande partie de ses assertions sont inexactes. Par exemple, il est impossible que pendant deux ans, l'armée française ait ignoré qu'elle était attaquée de la peste. Il est certain que pendant un mois cela leur fut caché, en lui faisant accroire que la maladie dominante dans les hôpitaux, était une fièvre accompagnée de bubons, ce qui donna le temps de l'accoutumer au nom de *peste*, qui portait avec lui la terreur et la consternation au plus haut degré. En outre, un général en chef ne visite pas journellement les hôpitaux, et particulièrement ceux infectés de maladies contagieuses, et Napoléon les fréquentait moins que tout autre ; si une fois à Jaffa, il toucha les bubons de pestiférés, ce ne fut que pour des raisons et dans des circonstances particulières.

J'étais présent à Longwood, lorsqu'environ vingt messieurs et dames, arrivés de l'Inde, lui furent présentés ; parmi eux se trouvaient M. et Mme. Burroughs, M. H. et lady Darnel, MM. Strange et Arbuthnot, qu'il reçut agréablement et avec plaisir.

Il est vrai qu'il ne fit pas de réponse à l'invitation à dîner que lui fit le gouverneur, probablement parce qu'il invita le *général* Bonaparte, qualification à laquelle il ne répond jamais, et aussi sans doute, parce que *Plantation-House* était hors des limites.

Je me suis souvent informé si Napoléon avait connaissance du nombre prodigieux de libelles qui ont été répandus contre lui en 1814, et inondent encore l'Europe. J'ai appris de Bertrand, qu'à l'île d'Elbe, il les recevait régulièrement par l'entremise de Seghorn ; qu'il lisait tous ceux qui sont écrits en français ou en italien ; qu'il avait l'habitude d'en causer gaîment à dîner ou pendant la promenade, et observait ordinairement qu'il venait d'apprendre qu'il avait empoisonné ou assassiné telle et telle personne, battu, maltraité ou violé telle et telle femme.

Le proverbe *qu'il n'y a que la vérité qui offense*, dit Bertrand, fut vérifié. Ces libelles même, dit-il encore, lui furent tellement avantageux, que leur effet en France n'avait fait qu'augmenter le nombre de ses amis et fortifiait leur dévouement. En même temps, ils étaient propres à tromper le gouvernement français et à l'endormir dans une fausse sécurité. En effet, quand Châteaubriand dit que ce tyran était abhorré par toutes les classes de citoyens, par quiconque portait le nom de Français, les royalistes crurent qu'ils pouvaient, avec impunité, violer toutes les conditions du traité de Fontainebleau; qu'il n'y avait aucune nécessité pour eux de se mettre en garde contre tout ce qu'un homme aussi habile pouvait entreprendre; sous ce point de vue, des libellistes, tels que ceux dont je vous ai parlé, favorisèrent beaucoup, dit-on, les opérations de 1815, et l'on découvrit, dit Las Cases, que ce *héros* qui n'avait pas même le courage de terminer sa vie lui-même, qui était abhorré de l'armée et du peuple, était l'idole de la nation; qu'il était adoré par trente millions d'habitans; qu'il manifesta un courage inconnu dans l'histoire, en se présentant *seul*, à la tête de 1000 hommes, pour attaquer le roi de France; qu'il n'avait eu besoin que de se montrer, puisqu'en vingt jours tout le monde se rallia autour de lui; et qu'en quelques semaines, il réorganisa des armées avec lesquelles il combattit contre l'Europe combinée. Un million de guerriers choisis de l'Europe furent mis en mouvement et dirigés contre la France; les destinées du monde furent de nouveau suspendues, et, vainqueur à Waterloo, ainsi que le lui promettaient ses combinaisons profondes, les armées russe et autrichienne qui étaient encore au-delà du Rhin, auraient produit peu d'effet.

Je demandai au comte Montholon quel est ce Châteaubriand. Il m'apprit que Châteaubriand avait résidé en Amérique pendant son émigration; qu'il était rentré en France en 1801, en se prévalant de l'amnistie, et avait fait le serment requis. Relativement à son ouvrage, le *Génie du Christianisme*, qui faisait grand bruit, Napoléon, accoutumé à ne considérer la religion que sous le point de vue politique et comme appliquée au gouvernement des hommes, ne parut pas du tout s'intéresser à un ouvrage dans lequel la religion n'est considérée que sous le point de vue littéraire, et comme un amusement. La princesse Elisa obtint, pour Châteaubriand, la place de secrétaire de légation, sous le cardinal Fesch, qui était nommé ambassadeur à Rome. Il n'entrait point alors dans la politique du gouvernement français d'employer des émigrés amnistiés, ce qui fit que Châteaubriand y fut extrêmement sensible, et ses remercîmens ne connurent pas de bornes. Arrivé à Rome, il s'efforça de s'avancer; il espérait, comme auteur du *Génie du Christianisme*, être reçu avec distinction dans la capitale du monde chrétien; mais il fut partout repoussé. Les prélats, les cardinaux, le pape, se prononçaient également contre lui, et au lieu des lauriers du capitole, l'inquisition (si elle avait encore eu du pouvoir) lui aurait réservé une place dans le prochain auto-da-fé, comme auteur d'un livre qui fait une plaisanterie de la religion. Quelque tems après, il se rendit coupable d'une inconséquence, que l'on pouvait appeler trahison, et qui lui attira la disgrâce de son maître. L'ancien roi de Sardaigne, après son abdication, vivait à Rome entièrement adonné aux pratiques religieuses; il jouissait d'une pension de 100,000 fr. que la France lui payait. Son frère (le roi actuel de Sardaigne) avait négligé, probablement faute de moyens, de lui payer la redevance qu'il s'était réservée. Châteaubriand s'avisa de lui faire une visite, secrètement et déguisé; et d'une manière séduisante et mystérieuse, éclata en plaintes sur la violence que l'on avait employée pour le faire descendre du trône. Quand le vieux roi reconnut que la personne qui lui tenait ce langage était le secrétaire de la légation française, il en fut fort indigné, et le prenant avec raison pour un espion, il fit ensorte de s'en défaire le plus tôt possible, et en effet le mit à la porte. Quelques jours après, ayant occasion d'écrire à Napoléon, il se plaignit de cette démarche insidieuse, craignant qu'il n'y eût quelqu'intention de troubler son repos, dans le séjour qu'il avait choisi à Rome. Le vieux roi fut néanmoins assuré de suite du contraire, par la disgrâce et le rappel de Châteaubriand. Il fut ensuite nommé à l'Institut, en remplacement de Chénier; et dans son discours de réception, il fit un éloge de l'Empereur, d'une flagornerie sans exemple. Il a la réputation d'un homme sans religion, dérangé dans ses affaires particulières (1), et immodérément adonné aux femmes. »

Je parlai au comte de Las Cases d'un livre intitulé : *Mémoires secrets de Napoléon Bonaparte, par un homme qui ne l'a pas quitté depuis 15 ans.* Il ne fut pas difficile de me convaincre, ainsi que je l'avais déjà soupçonné, que ce titre avait été inventé par quelques libraires pour faire des dupes; et qu'il était évident que l'auteur ignorait tout-à fait ce qui

(1) Ces allégations sont plus que hasardées.

s'était passé à la cour des Tuileries, ainsi que les habitudes de Napoléon; que probablement il n'était jamais entré dans les murs du palais, et n'y avait suivi personne; qu'il ne connaissait pas la distribution des appartemens; qu'enfin le livre était un misérable roman, dans lequel les noms même des personnes désignées étaient souvent d'invention.

Les renseignemens que j'ai été à même d'obtenir sur l'abbé de Pradt sont ceux-ci: « L'abbé de Pradt émigra, se prévalut ensuite de l'amnistie, et retourna en France. Etant sans aucuns moyens d'existence, il s'adressa à la police, et fut amplement récompensé des services qu'il lui rendit. Il fut quelque tems cependant avant de pouvoir approcher du dominateur de la France: mais s'étant insinué dans les bonnes grâces de Duroc, grand-maréchal, dont il se disait parent, il devint, par la protection de ce favori, aumônier de la chapelle, et prêta le serment d'usage pour tous ceux qui faisaient partie de la maison de l'Empereur. Il fut nommé évêque de Poitiers, et ensuite archevêque de Malines. Pendant le concile de Paris, Napoléon le retenait souvent à ses levers, afin de s'entretenir avec lui sur les affaires des prêtres; ambitieux et intrigant, il profita de cette occasion pour augmenter son intimité; et sous le voile d'un zèle exalté, il informa son maître de nombre de faits qui se passaient dans les sociétés de la capitale dans lesquelles il était très-répandu. Les évêques de Nantes et de Trèves, l'archevêque de Tours, et le primat de Venise, furent désignés par le concile des évêques de France et d'Italie, pour se rendre et conférer avec le pape à Savone, et le duc de Rovigo demanda la permission de leur adjoindre l'archevêque de Malines. Cela rencontra beaucoup d'opposition, et donna lieu à des représentations de la part des évêques. Néanmoins, comme c'était une chose très-importante que d'être informé de tout ce qui s'y dirait et s'y ferait, il fut nommé. Mais sa conduite envers le pape, à Savone, fut accompagnée de tant de légèreté, que ses collègues furent souvent obligés de lui rappeler la décence et le respect dû à un souverain, et surtout à celui qui était en même tems le chef de sa religion. Il fut ensuite employé comme *observateur* dans les affaires d'Espagne. En 1812, il fut envoyé à Dresde en qualité d'aumônier. Le duc de Bassano désirant avoir avec lui à Wilna, le baron Bignon (qui était alors à Varsovie), proposa, denx jours avant son départ de Dresde, l'abbé de Pradt pour le remplacer. Ses manières aisées semblaient le rendre propre à une place dans laquelle les *dames* ont tant d'influence. Il était connu pour avoir quelque talent, de l'adresse, un grand désir de plaire, et il savait que le succès lui était nécessaire pour justifier la préférence dont il était l'objet. Néanmoins, Napoléon hésita à confier à un émigré amnistié, à un homme qui jusqu'alors avait seulement été employé par le gouvernement, dans des opérations secrètes et subalternes, un poste brillant et de confiance. En définitif, la recommandation de Duroc prévalut; il fit observer que le manteau de l'abbé cacherait tout, particulièrement dans un pays où les prélats occupent d'ordinaire les principaux emplois, et que sa conduite à Malines ne laissait aucun doute sur la nature de ses sentimens et sur son attachement au gouvernement.

La conduite de notre aumônier à Varsovie, ne fut qu'une série de folies continuelles; il prit tout à contre sens, et réglant ainsi ses actions, ses discours et ses écrits, il ne se fit estimer ni par les femmes ni par les hommes. Napoléon, à son retour de la désastreuse campagne de Moscou, s'arrêta trois heures à Varsovie, et n'y entendit que des plaintes sur son compte; il était même accusé de trahison par les plus fidèles, et d'incapacité par les modérés. Il était évident qu'il n'avait pas les talens nécessaires pour la place qui lui était confiée. Lorsqu'il fut admis à l'audience de son maître, il reprit ses manières accoutumées, et s'abandonna à sa manie de parler guerre. Napoléon, extrêmement fatigué, ne lui répondit pas d'abord, et écouta de sang froid ses sottises; à la fin, perdant patience, il prit une carte qui se trouvait sur la cheminée, et écrivit dessus au crayon, les mots suivans: « Faites une lettre au duc de Bassano, » pour qu'à son passage à Varsovie, il renvoie ce » freluquet à Paris. » Il remit cette carte à Caulaincourt qui se trouvait là, et qui, aussitôt et en présence de l'abbé, se mit à écrire cette lettre.

Au retour de Napoléon, en mars 1815, les libellistes croyant qu'il brûlait de se venger, s'enfuirent de Paris; cependant ils se trompaient, il leur avait trop d'obligation pour être incliné à leur faire du mal, et ils revinrent à leur poste. Lacretelle reprit ses fonctions au Lycée. Pichon fut chargé d'une mission secrète à Londres, etc. L'abbé de Pradt adopta un plan très conforme à l'impudence de son caractère ; il envoya à Napoléon un Mémoire rempli d'invectives contre les Bourbons et les ministres qui l'avaient destitué de la place de grand-chancelier de la Légion-d'Honneur. Il accompagna ce Mémoire d'une lettre dans laquelle il expliquait sa conduite en disant : « *Que son extérieur avait eu l'apparence d'un changement ; mais que dans son cœur, il avait toujours été fidèle à son bienfaiteur et au prince que la nation avait choisi.* » Il terminait en demandant à être de nouveau placé dans la chapelle. « *Oh! c'en est trop*, dit Napoléon : quel misérable! » A cette époque, continua le narrateur de cette anecdote, quoiqu'il eût plusieurs offenses à venger et plusieurs trahisons à punir, personne ne fut inquiété. Le duc d'Angoulême fut fait prisonnier au Pont-Saint Esprit : vous trouverez dans le *Moniteur*, la jolie lettre qui lui sauva la vie.

Vitrolles, qui avait été un des agens des puissances alliées en 1814, et qui fut ensuite à la tête du gouvernement du Midi, sous le duc d'Angoulême, fut arrêté à Toulouse par le général Laborde; il fut du petit nombre de ceux exceptés dans l'amnistie, et conséquemment exposé à être fusillé dans les vingt-quatre heures ; mais pas une goute de sang ne fut répandue dans cette mémorable révolution, ni sur le champ de bataille pour opérer le renversement du gouvernement alors existant, ni par les mains de la justice pour venger d'anciennes offenses ; ce qui, dit-il, forme un contraste frappant avec la conduite des *ultra* qui firent violer la capitulation de Paris et couvrirent la France d'échafauds et de proscriptions.

Tous les ministres du roi sollicitèrent leur pardon. Clarke, duc de Feltre, implora l'indulgence de son ancien maître, qui répondit qu'il ne voulait pas le voir, mais qu'il pouvait se retirer dans ses terres où il jouirait de la protection de l'amnistie. Ce fut par suite de cette réponse qu'il passa les frontières. Le vieux Barentin, chancelier de France, fit son serment, et le vice-chancelier d'Ambray quitta le roi et se retira dans ses terres en Normandie, d'où il écrivit plusieurs lettres pleines de protestations de soumission au gouvernement impérial.

Il m'a été assuré par l'officier confident de Napoléon, qu'après le Champ-de-Mai, la plus grande partie des pairs de la chambre du Roi, demandérent à être admis dans la nouvelle chambre. Car, dit-il, c'était l'opinion des Français, même de ceux qui avaient été revêtus des charges les plus importantes sous le gouvernement royal, que le véritable gouvernement était celui choisi par le peuple. J'ai lu, continuait-il, les discours des ultrà-royalistes ; il déclament avec beaucoup de violence ; *il n'y en a cependant pas un que Napoléon n'ait rétabli dans les biens de ses ancêtres ; qu'il n'ait arraché aux misères de l'émigration, et qui ne lui doive plus ou moins la fortune dont il iouit.* Il n'y en a pas un qui ne se soit soumis aux conditions de l'amnistie, et qui n'ait prêté TOUS LES SERMENS REQUIS, et la plus grande partie abandonnèrent pendant dix à quinze ans, celui qu'ils appellent maintenant leur maître. Il n'y a pas actuellement un seul juge qui n'eut prononcé la sentence la plus rigoureuse contre tout prince de la maison de Bourbon qui eût violé la défense d'entrer en France, et pas un seul citoyen, continua-t-il, nommé juré dans leur procès, qui ne les eût condamnés impitoyablement.

Je demandai ce que devint le maréchal de St,-Cyr et le duc de Reggio, lorsque le roi fut sorti de France. L'un et l'autre, répondit-il, prêtèrent serment de fidélité à Napoléon, en avril 1815; tous deux furent très-assidus à faire leur cour aux Tuileries; tous deux dînaient à la cour, et tous deux désiraient être employés dans la campagne de 1815. Mais, dis-je, comment se fait-il que le *duc de Reggio*, que les *Bourbons nomment leur Bayard*, que *St-.Cyr* qui est leur ministre de la guerre, n'aient pas suivi leur maître à Gand? Cela m'étonne! C'est parce que, me dit-il, les vrais Français appartiennent à la patrie, et ne se considèrent pas comme la propriété de quelques familles. Si même le duc de Raguse n'avait pas été excepté de l'amnistie, il serait demeuré en France, et n'eût jamais passé les frontières. C'est là la religion des Français; l'opinion nationale s'est décidément prononcée. Désirez-vous, me dit-il, avoir une idée de l'esprit qui anime les Français? Supposez, par exemple, qu'un million de Russes, d'Autrichiens, de Prussiens, d'Allemands, de Hollandais, de Français, d'Espagnols et de Portugais, secondés par quelques milliers de traîtres, qui, sous prétexte de servir les *Stuarts*, se seraient joints à eux, eussent inondé l'Angleterre et couronné un Stuart à Londres, après avoir marché sur les cadavres de milliers de braves defenseurs de la Grande-Bretagne, qui auraient succombé glorieusement pour l'indépendance de leur pays. Et bien, qu'en penseriez-vous?

J'ai l'honneur d'être, etc.

DIXIÈME LETTRE.

Cap de Bonne-Espérance, le 5 juin 1817.

Ma Chère,

J'espère que vous serez contente du zèle que j'ai mis à satisfaire votre curiosité et à vous faire connaître la vérité des différens faits qui vous ont frappé dans l'ouvrage du docteur Warden. Je dois convenir que le travail n'a pas été grand; car pendant un certain espace de temps, j'ai été occupé à rassembler des matériaux; le hasard a contribué à me faire tomber sous la main des documens précieux.

Cette lettre sera ma dernière. Vous désirez savoir tout ce qui s'est passé depuis juillet 1816. La tâche est pénible. Je vous ai déjà expliqué dans ma cinquième lettre, de quelle manière les choses étaient arrangées; et comment, quoique tout ne fût pas aussi bien qu'on pourrait le désirer, puisque Plantation-House n'avait pas été donné aux prisonniers et qu'il n'avaient pas la libre jouissance de toute le petit roc, ils étaient cependant traités avec attention et égards, et recevaient les personnes qu'ils voulaient.

Napoléon avait la liberté de se distraire dans la société des habitans, des officiers de l'armée et de la marine, et dans celle d'un grand nombre d'étrangers qui passaient, et c'était surtout une grande consolation pour madame Bertrand. Mais depuis que tout a changé, ils ne reçoivent plus personne et ne sortent pas davantage. Il m'est impossible d'entrer dans de très-grands détails, qui sont extrêmement affligeans pour un Français, et qui, s'ils étaient connus, exciteraient une indignation générale. Cependant, pour ne pas vous laisser tout à-fait dans l'ignorance, je vais vous rapporter quelques traits généraux que me fournit ma mémoire sur leur position actuelle.

Trois commissaires, autrichien, français et russe arrivèrent à Saint-Hélène le 17 juin 1816, accompagnés de l'amiral Malcolm, sur les frégates le *Château-neuf* et l'*Oronte*. Quelques semaines après, le gouverneur, sir Hudson Lowe, annonça leur arrivée à Longwood, et communiqua le traité du 2 août 1815, conclu entre la Grande-Bretagne, l'Autriche, la Russie et la Prusse. Il paraît que le comte Montholon reçut l'ordre de faire une protestation contre ce traité, ce qu'il fit dans une lettre contenant la déclaration que Napoléon n'était pas le prisonnier de l'Angleterre; qu'après son abdication, il vint librement et volontairement en Angleterre, avec l'intention d'y vivre en particulier, sous la protection des lois anglaises; que la violation de ces lois ne constituait pas un droit; que, quoique sa personne fût actuellement au pouvoir de la nation anglaise, il n'avait cependant jamais été, ni n'était virtuellement au pouvoir de l'Autriche, de la Russie ou de la Prusse, qui, conséquemment n'avaient en fait ni en droit aucun pouvoir sur lui. Que ce traité prouvait uniquement la coalition de quatre grandes puissances de l'Europe pour opprimer un seul homme. Cette protestation établissait aussi le traitement différent que Napoléon aurait probablement éprouvé de la part de l'Autriche, de la Russie ou de la Prusse; et que les fausses idées qu'il s'était formées de l'influence et de l'opinion d'un peuple libre, grand et généreux sur son gouvernement, l'avaient seules induit à préférer la protection de leurs lois à celle d'un beau-père ou d'un ancien ami. Qu'il avait toujours été en son pouvoir d'assurer tout ce qui le regardait personnellement, en se mettant à la tête de l'armée de la Loire ou de celle de la Gironde; mais que, ne désirant que la retraite, il avait cru toutes stipulations inutiles, et qu'il serait plus lié par cette conduite de sa part, si noble, si franche et si pleine de confiance, que par les traités les plus solennels. Cette lettre faisait aussi mention de l'inutilité de la mission des commissaires susnommés, qui, à ce qu'il semblait, n'avaient pas le droit de se mêler en rien de ce qui se faisait dans l'île; et démontrait la dureté avec laquelle on agissait à l'égard de Napoléon, en l'envoyant sur un rocher à 2000 lieues de l'Europe, dans le climat le plus mal-sain, et qui l'était encore plus par les restrictions imposées par le nouveau gouverneur, qui défendait toute communication avec les habitans, et même avec les officiers, et en plaçant Longwood au secret. Elle parlait aussi de l'oppression inutile qu'ils éprouvaient par la privation de journaux, si l'on en excepte quelques numéros détachés du *Times;* elle se plaignait de ce que des livres envoyés par les auteurs, n'étaient pas arrivés à Longwood; de ce que des lettres non cachetées, remises au gouverneur pour des personnes à Longwood, n'avaient ensuite pas été communiquées, parce qu'elles n'étaient pas arrivées par le canal du ministère anglais; de l'impossibilité de communiquer par lettres, à cause des formalités par lesquelles elles étaient obligées de passer, et de l'ensemble général des restrictions, *qui*, disait-on, *n'avaient d'autre but que d'abréger la vie de Napoléon*; de la mauvaise situation de Longwood, qui a manqué d'eau et d'ombre jusqu'à ce que l'amiral Malcolm eût fait dresser une tente par ses matelots, en observant que c'était ce qui l'avait d'abord fait placer à Plantation-House. Elle se terminait par une réponse à la demande faite à Napoléon, par le gouverneur, de 10 à 1200 liv. sterling pour ajouter aux 8000 allouées annuellement par le gouvernement anglais; réponse où il était dit que Napoléon voulait payer lui-même toutes ses dépenses, pourvu qu'il lui fût permis de communiquer avec des banquiers, sans être soumis à aucune inquisition de la part du gouverneur ou de ses satellites.

Il paraît que lord Bathurst, dans une de ses dernières lettres, fixa le total des dépenses de Longwood à 8000 livres sterling annuellement ; sur lesquelles 500 devaient être payées au pourvoyeur pour ses gages ; 500 pour le transport des provisions de la ville à Longwood ; 730 pour les officiers ordinaires et le chirurgien à Longwood, et 1000 l. pour les dépenses d'entretien de la maison qui est vieille et a besoin de réparations continuelles ; faisant en tout 2730 l. et ne laissant que 5270 l. pour les autres dépenses de l'établissement, ce qui, eu égard au prix énorme de tous les articles de première nécessité à Ste-Hélène, peut équivaloir à environ 1000 l. annuellement en Angleterre. Le gouverneur cependant, conçut aisément que cette somme était insuffisante, et estimant qu'il fallait 19 à 20000 l. annuellement, il fit demander au général Montholon, dans une lettre datée du 17 août, la différence de cette somme à celle de 8000 l. par an, allouée par le gouvernement. Il fut répondu à cette demande par la lettre susmentionnée. Nonobstant l'augmentation de 4000 l. par année, faite par le gouverneur, la quantité des provisions fut réduite, trois domestiques français qui étaient extrêmement nécessaires, furent renvoyés. Napoléon n'ayant pas de quoi faire acheter des provisions, dont on allouait une si petite quantité, et le maître-d'hôtel ayant déclaré qu'il avait besoin d'un tiers de plus, ordonna de briser sa vaisselle plate et d'en vendre pour la valeur de 1000 l. J'ai été informé qu'une valeur de 800 à 900 l. était encore destinée au même usage. J'ai moi-même vu cette vaisselle, qui était extrêmement belle, et dont le travail valait quatre fois la valeur intrinsèque. Chacun désirait en avoir un morceau, et plusieurs capitaines des Indiens, (*indiamen*) offrirent dix fois la valeur pour en avoir une pièce entière.

Les commissaires ne furent pas introduits à Longwood, quoiqu'on ait dit que Napoleon en refusant de les recevoir comme commissaires, avait néanmoins consenti à les recevoir comme étrangers, et avec les formalités usitées envers ceux qui étaient ainsi reçus. On suppose qu'à ce sujet, sir Hudson Lowe et les commissaires ont écrit à leur gouvernement respectif, et qu'ils sont encore dans l'attente d'une réponse.

Il paraît que Las Cases avait confié à un natif de l'île, qui avait l'intention de se rendre en Angleterre, une lettre pour une dame de Londres, contenant des plaintes sur le gouverneur. J'ai cependant appris, par des personnes qui ont vu cette lettre dans les mains du gouverneur, qu'elle ne contenait rien qui n'eût pu être publiquement écrit.

Je n'ai pu obtenir la lettre entière que Napoléon écrivit à Las Cases dans cette occasion, mais je vous redirai tout ce que ma mémoire peut me rappeler.

Napoléon exprimait la peine qu'il éprouvait du traitement que Las Cases avait essuyé, en étant enlevé de Longwood, et mis au secret pendant tant de jours, privé de toute communication : il disait que sa conduite à Ste.-Hélène avait été, comme toute sa vie, honorable et digne d'admiration ; que la conduite du gouverneur, qui lui reprochait des expressions qu'il déposait dans le sein de l'amitié, l'autorisait à prendre les voies dont il s'était servi pour faire parvenir ses lettres à son ami : que la lettre qui avait motivé des censures aussi cruelles, ne contenait rien de plus que ce qu'il avait déjà dit dans six ou sept lettres ; pas de complot, pas de mystère, et rien enfin qui pût, en aucune manière, autoriser les mesures violentes et précipitées qui avaient eu lieu.

Que Longwood était enveloppé d'un voile de mystère et de solitude, que l'on désirait rendre impénétrable, afin de cacher la conduite ordonnée par un homme qui faisait les réglemens les plus absurdes, qu'il exécutait avec violence : que dans les pays les moins civilisés, les exilés, les prisonniers, et même les criminels étaient sous la protection des lois et des magistrats ; mais qu'à Sainte-Hélène, un seul homme avait le pouvoir d'ordonner et d'exécuter sans appel à un pouvoir supérieur. Napoléon finissait par dire que, quelque nécessaire que pût lui être la société de Las Cases, il désirait qu'il retournât dans sa patrie, et oubliât les malheurs et les misères qu'il avait essuyés ; et au cas où il verrait sa femme et son enfant (de Napoléon), de les embrasser pour lui ; ajoutant que son corps était au pouvoir de ses ennemis, qui ne laissent échapper aucune occasion d'exercer leur vengeance sur lui, mais *qu'une juste Providence s'interposerait et mettrait une prompte fin à cette existence dont les derniers momens couvriront de honte cette atroce conduite.*

Quelque tems avant ceci, sir Hudson Lowe jugea convenable d'établir un nouveau code de réglemens, dignes de Botany-Bay, par lequel il diminua des deux tiers l'étendue des limites précédemment fixées, sous le prétexte futile que Napoléon n'en avait jamais fait usage depuis son arrivée ; et dans la partie qu'il conserva, la *route haute* seule était praticable aux Français ; il leur était défendu de s'en écarter ni à droite ni à gauche et (des Anglais le croiront-ils !) *défense était faite à Napoléon et à toute personne de sa suite, de parler à qui que ce soit qu'ils puissent rencontrer, sauf les salutations de politesse requises, et en usage parmi les peuples civilisés ! ! !*

Il défendit aussi que toute personne qui obtiendrait la permission de voir Napoléon, en fît usage pour communiquer avec quelqu'un de sa suite, à moins que cela ne fût spécialement exprimé dans le permis ; de sorte que si Napoléon recevait un étranger qui ne parlât pas le français, il ne pouvait, d'après ce réglement absurde et vexatoire, faire appeler Las Cases, ou tout outre de ses serviteurs, pour lui servir d'interprête ! On plaça des sentinelles autour du jardin, au coucher du soleil, de manière que Napoléon ne put prendre de l'exercice au seul moment où il est praticable avec plaisir, dans un climat du tropique, particulièrement à Longwood, qui manque tout à fait d'ombre, sans être exposé au regard ardent et à l'inspection de ses gardiens. On plaça pendant le jour, une autre sentinelle dans un lieu d'où elle pouvait voir tout ce qui se passait dans le jardin, de manière que même pendant le jour, Napoléon ne pouvait sortir sans être soumis à l'inspection des soldats ; et dans une lettre a Bertrand, on défendit toute communication *même verbale*, avec les habitans.

Il paraît qu'après que ces restrictions furent mises à exécution, Napoléon déclara que comme toutes les lois et toute idée de respect envers lui étaient violées, il refusait de recevoir à l'avenir le gouverneur, ne le regardant plus que comme un geolier.

Il est à regretter que sir Hudson Lowe ait été obligé d'exécuter des mesures si violentes, si sévères et si entièrent opposées à ce qui a été dit au parlement. Mais, ainsi que les défenseurs des ministres le soutiennent, si ces derniers avaient approuvé les réglemens en vigueur depuis neuf mois, et n'avaient ordonné aucune nouvelle restriction, dans ce cas le gouverneur a agi de sa propre autorité, et par conséquent d'une manière qui lui fait peu d'honneur et qui le rend inexcusable.

Comme vous le remarquez, la discussion du bill occupa beoucoup l'attention, et il y eut grande différence d'opinion à son sujet. Quelques-uns en le critiquant au fond, déclarèrent qu'il était conçu avec une dureté sans exemple dans l'histoire moderne; d'autres critiquèrent simplement les formes et la manière dont il était rédigé, et dirent que le bill ne devait pas abandonner l'illustre prisonnier au pouvoir arbitraire, et aurait dû établir de certaines bornes au droit d'imposer des restrictions; mais tous s'accordèrent à dire: 1°. que d'après le contenu du bill, les restrictions seraient délibérées dans le conseil privé des ministres, et ne seraient plus faites et défaites par lord Bathurst seul; 2°. que le gouverneur de Ste-Hélène ne serait plus chargé que de l'exécution de ces restrictions, et n'aurait plus le pouvoir d'en établir aucune de sa propre autorité; 3°. qu'un conseil composé du gouverneur, de l'amiral, des officiers généraux et colonels de l'armée, et capitaines de la marine, qui se trouveraient dans l'île, serait établi pour recevoir les plaintes des officiers français et domestiques, et qu'il connaîtrait de tout ce qui les concerne; 4°. que ce conseil serait chargé d'examiner si les circonstances étaient telles qu'elles nécessitassent la mise à exécution des restrictions.

Au moyen de ces mesures, notre gouverneur n'aurait jamais à craindre les inconvéniens inséparables du pouvoir arbitraire. Un individu seul, peut être capricieux, passionné et enclin à abuser de l'autorité qui ne se trouve déposée que dans ses mains; tandis que le plus simple soldat, le dernier matelot, le plus vil esclave, sont protégés par les magistrats, les tribunaux et les formes de la loi, connues du public et de la justice.

Tout homme sensé convient également que ce ne fut jamais l'intention ni du parlement ni de la nation d'imposer des restrictions inutiles : qu'insulter un *illustre ennemi*, c'était insulter la nation elle-même; et que les restrictions ne devaient avoir qu'un seul objet en vue, celui de prévenir sa fuite de Ste-Hélène. Actuellement, si l'on considère ainsi la question, les cinq-sixièmes des restrictions qu'on lui a imposées sont vexatoires et contraires à la volonté de la nation. Il est également difficile de concevoir pourquoi les ministres ont refusé d'accorder au gouverneur la somme de 20,000 l. annuellement, qu'il jugeait nécessaire. Assurément on aurait dû la donner et on n'aurait pas dû accepter la vaisselle achetée par ordre du gouverneur, qui sans doute avait quelque motif politique, probablement celui d'empêcher qu'elle ne fût achetée comme une espèce de relique. Son prédécesseur avait calculé les dépenses de manière qu'elles s'élevaient, je crois, à environ 17,000 l. par an.

En résultat, la détention de Napoléon Bonaparte à Ste-Hélène coûte au trésor environ 250,000 l. par an, pour y entretenir un lieutenant-général comme gouverneur, un brigadier-général et un nombreux état-major, des bataillons d'artillerie et de ligne, une forte escadre, etc. Et outre ces dépenses, les restrictions imposées aux vaisseaux gênent le commerce de l'Inde et occasionnent encore des pertes plus considérables que les dépenses elles-mêmes; et cela à quel fin? afin que le prisonnier jouisse d'une plus grande liberté. Il serait beaucoup mieux enfermé dans une maison en Angleterre ou en Ecosse qu'à Ste.-Hélène avec la jouissance de toute l'île, parce que, premièrement, le climat des tropiques ne peut être en aucune manière comparé à celui d'Europe, et celui de Ste.-Hélène est destructeur; le grand nombre des décès dans le 66e régiment dans un fort court espace de temps en est la preuve. Outre cela, on ne peut qu'avec peine se procurer, à Ste-Hélène, la nourriture la plus médiocre : faites-y les dépenses les plus fortes, et il vous sera encore impossible d'avoir ce que vous désirez. Les provisions les plus nécessaires à la vie sont souvent de mauvaise qualité et détériorées. Dans le fait, on ne peut se procurer à Ste-Hélène, ce qu'un citoyen respectable de la *cité* croit indispensable à sa table. Dans une prison en Angleterre, on aurait des journaux, une bibliothèque, et on recevrait souvent des nouvelles de ses parens : à Ste-Hélène, on est presque privé de tout. Il est vrai qu'on y a envoyé environ 1500 volumes; mais 1500 volumes ne suffisent pas à des personnes réduites à s'occuper des lettres et des sciences, leur seule consolation. 20,000 volumes ne compenseraient pas l'avantage d'avoir en Europe, en 48 heures de temps, tous les livres qu'on peut désirer. Enfin en Angleterre, on recevrait des nouvelles de sa famille et de ses amis, ce qui est presque impossible à Ste-Hélène. Les comtes Bertrand et Montholon m'ont assuré que, pendant plusieurs mois, ils n'avaient pas reçu une seule ligne, et qu'ils ne pouvaient soigner ni leurs arrangemens de famille ni leurs intérêts privés. Par suite des nouvelles restrictions, Napoléon ne sortit plus de ses appartemens, c'est-à-dire, de quatre petites chambres, mal construites et mal saines, ou d'une maison si mauvaise, qu'il serait difficile d'en trouver une semblable en Angleterre. C'est donc pour le confiner entre quatre murs, sous les tropiques, que notre trésor dépense plus de 200,000 l. sterling par an, et que notre commerce éprouve de grandes pertes.

Pendant les dix premiers mois, j'avais toutes les facilités d'aller à Lonwood: mais en octobre, il devint très-difficile d'en obtenir la permission. Il était d'abord nécessaire de subir un long interrogatoire sur les affaires qui nous y conduisaient. En décembre, après beaucoup de difficultés, j'obtins la permission d'y aller. Je vis madame Bertrand, qui se plaignait amèrement de ne pouvoir voir personne, et de ce qu'on lui avait défendu même la société des officiers anglais. Je vis aussi le général Gourgaud avec lequel je causai quelque temps et qui me parut très-surpris du nouveau système de traitement qu'ils éprouvaient. Je ne pus réussir à voir Napoléon, qui n'avait reçu personne et n'était même pas sorti de la maison. Une personne de sa suite me dit que leur horizon était si obscurci et leur situation si empirée depuis le départ de l'amiral Cockburne, que Napoléon avait observé qu'être à Ste-Hélène n'était pas le plus grand de leurs maux, et que le choix du séjour n'était pas encore le plus mauvais procédé qu'on eût eu vis-à-vis de lui, mais qu'il n'y avait rien d'anglais dans la manière dont on le traitait, et qu'elle ressemblait beaucoup plus à la police d'un sbire de *Sicile*.

Tout être sensible et raisonnable convient que les dernières précautions mises en usage, sont injustes, ridicules et oppressives pour le militaire qui les exécute ; et qu'en gardant soigneusement les dehors des ravins, qui conduisent vers les côtes, en suivant Napoléon par signaux, partout où il irait dans l'intérieur de l'île, en gardant les côtes de la mer de même qu'on le fait actuellement au moyen de bâteaux et de bricks, le but serait atteint avec le plus grand succès, et tout ce que la prudence et la sagesse humaine peuvent faire dans de pareilles circonstances.

Adieu, ma chère dame, je pourrais encore vous dire beaucoup de choses qui vous surprendraient et vous peineraient; mais il est temps que je m'arrête, j'ai besoin de reposer mon cœur; le spectacle de la persécution et de l'injustice l'a toujours révolté. Vous pourrez juger de ce que j'ai éprouvé en voyant ainsi tourmenté *un grand homme qui a triomphé dans soixante batailles rangées, et qui fut l'arbitre des nations et des rois;* alors je me suis dit à moi-même : Je le respecte plus maintenant avec sa couronne d'épines, que lorsque sa tête était parée de tant de diadèmes.

J'ai l'honneur d'être, etc.

FIN.

TABLE DES MATIERES.

FIN DE LA TABLE DES MATIÈRES.

Ouvrages qui se trouvent chez le même libraire.

Mémoires pour servir à l'histoire d'un homme célèbre (NAPOLÉON) ; 2 vol. in-8°. : Prix, 10 fr.

Correspondance de Carnot avec Napoléon ; 1 vol. in-8° : Prix, 2 fr. 50 c.

Idem *de Napoléon avec Carnot* ; 1 vol. in-8°. : Prix, 2 fr.

Mémoires de la vie publique de Fouché ; 1 vol. in-8°. : Prix, 2 fr. 50 cent.

Campagne de 1815, *par le général Gourgaud* ; 1 vol. in-12 : Prix, 3 fr.

Idem *du prince Eugène Napoléon*, *en* 1813 *et* 1814 ; 1 vol. in-8°. et carte : Prix, 3 fr.

Idem *de* 1813, *en Saxe*, *par le baron Odeleben* ; 2 vol. in-8°. : Prix, 10 fr.

Idem *en Hollande*, traduite de l'anglais, par Maccarthy ; 1 vol. in-8°. et carte : Prix, 6 fr.

Le Code d'instrucrion criminelle, *et le Code pénal en harmonie avec la Charte* ; par M. Carnot, membre de la cour de cassation : Prix, 2 fr. 50 cent.

L'héroïne du Texas ; 1 vol. in-8°. et carte : Prix, 2 fr.

Histoire de la république d'Haïti ; par M. Degastine ; 1 vol. in 8°. : Prix, 4 fr.

L'Écolier de Brienne (Napoléon) ; 3 vol. in-12 : Prix, 9 francs.

Les Archives du scandale ; 1 vol. in-8°. : Prix, 3 fr.

Le Mercure de France et chronique de Paris, journal de littérature, des sciences et arts. Prix de l'abonnement, 15 fr. pour 3 mois, 30 fr. pour 6 mois, et 60 fr. pour l'année. Le 13e n°. paraîtra incessamment.